Seismographische Tanzrituale

am

NULLPUNKT DER MODERNE

Vielen Dank an den Künstler Jürgen Kuck für die Umsetzung des Titelbildes [S. VII] im Kontext des Sich-Ereignenden. Das Bild schildert – hinter dem Vorhang der Erscheinung als Scheinbarkeit des Realen – das Geschehen:

Die Chimären, Giganten und Zwischenwesen aus den Tiefen angerufen, welche als Unterstützer zum Sturz des Titanischen aufgerufen wurden, führen zu Erschütterungen als Wendepunkte des Katastrophischen innerhalb der statisch gewordenen Seinsmächte.

Inmitten der Trümmer des Bestehenden wummert auf den Ruinen des Existierenden der Technobass als Defibrillator des Daseins, indem er Mächte des Überzeitlichen aus den Untiefen des längst Verlassenen als Beistand herbeisehnt, welche sich im Existenzradikalisten als Chiffre des Hier und Jetzt veräußern, der das Gewordene aus seinem Zustand der Vermummung heraus in alle Teile zerfetzt.

Der TB 303 ist hierbei Taktstock und Richtschnur der Zerstörung als daktyloskopischer Abdruck des Ruinierten und dennoch Siegreichen.

Christoph Hölzel

Seismographische Tanzrituale

am Nullpunkt der Moderne

Eine kulturphilosophische Betrachtung

2024
Erstausgabe

„Make of that what you will …"
Mark Harrison, Spiral Tribe

Bibliografische Information der Deutschen Nationalbibliothek:
Die Deutsche Nationalbibliothek verzeichnet diese Publikation in der Deutschen Nationalbibliografie; detaillierte bibliografische Daten sind im Internet über http://dnb.dnb.de abrufbar.

Erste Auflage 2024

Verlag: BoD • Books on Demand GmbH, In de Tarpen 42, 22848 Norderstedt
Druck: Libri Plureos GmbH, Friedensallee 273, 22763 Hamburg

ISBN: 978-3-7597-8486-5

Inhaltsverzeichnis

VORANGESTELLTES

»Nach dem Erdbeben schlägt man auf die Seismographen ein. Man kann jedoch die Barometer nicht für die Taifune büßen lassen, wenn man nicht zu den Primitiven zählen will.«

Ernst Jünger, Strahlungen 1955

Ein Seimoskop ist ein Erschütterungsanzeiger[1]. Beim Freetekno schlagen hierbei die Wellen hoch. Es handelt sich in diesem Fall um ein induziertes Beben, bei dem die die auftretenden Erschütterungen die präsenten Wellen sind, die über das Soundsystem, als Agitator und Aufwühler, bei einem tagelangen *„150 bis 200 BPM"* [2] in den Umraum *„geschrieben" werden"*.[3]

Der Anzeiger, als Wellenempfänger, sind die tanzenden Subjekte selbst, welche über die

---

[1] *„Die bis circa 1900 überwiegend verwendeten Seismoskope waren lediglich Erschütterungsanzeiger"*
http://www.findtube.de/cgi-bin/lexikon_Seismograph_de.html

[2] Der >>Tekno<< im Freetek nennt sich >>HardTek<<, denn er ist sehr schnell und hart. Die Geschwindigkeiten liegen in der Regel zwischen 150 und 200 BPM.
https://schnabelschreibt.wordpress.com/freetekno/

[3] Ein Seismograf bzw. -graph (griechisch σεισμος *seismós* ‚Erschütterung' und γράφω *grapho* ‚schreiben')

eingeschriebenen Wellen in einem permanenten Alarmzustand in einer Erschütterung eingeschlossen sind; dabei sozusagen gleich einem musikalischen Erdbeben in einem durchgehenden Ausnahmezustand unter Strom stehen.

Der Mensch kommt nach seiner Veranlagung mit Mangel besser zurecht als mit Überfluss, in anderen Worten: die Exzesse müssen rituell gesetzt werden und nicht als Konsumptionsware in einer Dauerschleife angeboten werden. Sind die Exzesse von kontextuellen Bezügen einer Vernehmbarkeit des Lebens abgeschnitten verfetten sie den sozialen Körper. Dies führt zu einer *„Obstipation des Schicksals"* (Hölzel 2011), als ontologischer Darmverschluss und serieller Niederschlag des Liegengelassenen.

Die metapysischen Verlnüpfungspunkte fehlen, und somit die Verbindungspunkte des ganz Anderen über die Zensurbehörden der Moderne, als Sündenpfuhl des Lebens. Der Wildwuchs des Gewachsenen wurde in serielle Produktionsnummern als Codesignifikanten einer Planierung übergeführt und es gibt Exzesse von Einstanzungen im Stile einer Monogamie einer Typenlehre. Über diese *»totale Mobilmachung«* (Ernst Jünger) kommt es zu planetarischen Ausrottungen von Eigenarten, die kontrastiv aus einer Naivität des eigenen Erlebens herauswachsen, welche niemals bedenklich ist. Montaigne spricht diesbezüglich von einer »*Schande der Dummheit*«.

Somit werden nur noch die Achsen des »*Intellektgitters*« (Wolfgang Döbereiner), als Hohlgestelle einer rein räumlichen Wahrnehmung sichtbar gemacht. Sie sind die eigentlichen Achsenmächte des Bösen, denn das Uneindeutige, damit nicht fassbare rangiert nur noch in einer Stellung von Marginalitäten, als an den Rand gedrängten Fußnoten. Es kommt zu einer kognitiven Penetration, als Niederschlag von Sinnprovinzen auf einer Resterampe des Verbrauchs. Damit wird das identitäre Ich zum Kollabierenden der modernen Illusion – als einer »*Rebellion der Gehenkten*« (B. Travem), denn die Urtinktur eines Beherbergtseins ist diesem abhandengekommen.

Nur wer sich verliert kann sich auch wiederfinden. Gelingt es, kommt es zu einer Rückkehr zum Ausgangspunkt. Bleiben die Quellen unberührt droht Verwesung. Der ontologische Stoffwechsel wird eingestellt und das Sein erstarrt zur reinen Anschauung des Abdrucks einer rein formellen Anschauung. Folglich muss es zu einem »*Schnitt im Gewebe*« kommen: Hierbei geht es um Kontaktstellen,

Erregungsübertragungen: Synaptische [4] Umschließungen sind ineinander fallende Prozesse – somit riskante Verwicklungen – als Eröffnung neuer Zwischenwelten, metaphysische Zündungen, als Erregungszustände des Stillstands welche in einen »*Durchbruch zum Eigentlichen*« führen können. Die Zweckwurzel des Kausalen wird porös und weicht in eine organische Wurzel des Gedeihenden, wird durchlässig – die Welt wir wieder *unbe-denk-lich*.

Als Post Scriptum seien noch – in einer Gegenwartswelt der aufkommenden Unvereinbarkeiten und Gegenüberstellungen – die Sätze Friedrun Wiedmanns genannt:

„Auch die Demonstration echter Betroffenheit ist keine Artikulation von Wahrheit, die keine Aufzählung von Realitäten ist, um auch bei anderen Betroffenheit auszulösen und sich selbst zu verorten, nachdem man Freund und Feind definiert hat anstelle der Sache selbst.“ [5]

---

[4] **Synapsen** (gr. σύν, syn = zusammen, ἅπτειν, haptein = ergreifen, fassen, tasten) sind Kontaktstellen zwischen Nervenzelle und anderen Zellen (wie Sinnes-, Muskel- oder Drüsenzellen). An ihnen findet die **Erregungsübertragung** von einem Axon auf eine andere Zelle statt.

[5] Wiedmann 2019

VERSATZSTÜCK I:
Freetekno im Spannungsfeld einer archaischen Moderne

»Die hinterhältigste Lüge ist die Auslassung«
Simone de Beauvoir

I.1. „Houston we have a problem":

»Plurale Onto-Topologien in einer Umkehrung des Blicks«

Der Begriff Evolution galt lange in den Kulturwissenschaften als *„umbrella term"*[6]. Der Diskurs des Evolutionismus stand für kulturellen Wandel bezüglich einer *„qualitativ als »Höherentwicklung« oder »Fortschritt« oder quantitativ als Komplexitätszunahme"* [7] ausgerichteten Gesellschaftsform. Dies

---

[6] Stocking 1968, S. 143 [in Antweiler 1990 S. 483], vgl. hierzu auch: Brad, 2006, S. 76: *„Rather, it was an umbrella term that conflated nature and nurture, or what we call »race« and »culture«. [...] As Stocking (1968, 2001) points out in an essay that has received significantly less attention than his work on the culture concept, ther was also a Lamarckian evolutionary conception, holding that race was capable of transmitting acquired characteristics, which persisted in American social scientific thought well into the late nineteenth century."*

[7] Antweiler 1990, S. 484

führte zu der Dichotomie zwischen »*Primitiven*« und »*Fortgeschrittenen*«, zwischen archaischen und modernen Gesellschaften, zwischen rückständigen Naturvölkern und entwickelten Zivilisationen, im Sinne *„einer unilinearen (= unilinealen), d.h. einlinig gerichteten oder gar geradlinigen Kulturevolution"* [8]. Mittlerweile gelten der Evolutionismus und der damit verbundene Fortschrittsgedanke einer Zivilisation als ein *„totgesagte[s] Unternehmen"* [9].

Der Diskurs des Neoevolutionismus erlaubt schon eher eine Umkehrung des Blickes, um einer *„Gleichzeitigkeit des Ungleichzeitigen"* [10] näherzukommen. Im Neoevolutionismus kommt es zur *„Auflösung der begrifflichen Koppelung von Fortschritt und Evolution"*, da dieser letztendlich *„aufgekündigt wird und zerbricht"* [11].

---

[8] Antweiler 1990, S. 485, vgl. hierzu auch Koloß 1986, S.37: *„Der komplexe Sachverhalt verführte manchen Evolutionisten dazu, die kulturelle Entfaltung der Naturvölker im Sinne einer unilinearen Entwicklung zu deuten und damit diese Volker in die Nähe des Naturreiches zu stellen, wie dies bereits durch den Begriff Naturvolk zum Ausdruck gebracht wurde. Ein solches Verfahren konnte den tatsachlichen historischen Gegebenheiten nicht gerecht werden und führte schließlich zu einer wirklichkeitsfremden statischen und gerade, ahistorischen" Kulturtheorie."*

[9] Antweiler 1990, S. 499, vgl. hierzu auch Deus 2014, S. 60: *„Man kann wohl ganz allgemein feststellen, dass der Evolutionismus in den Sozialwissenschaften momentan einen schlechten Stand hat."*

[10] Deus, 2014, S. 71

[11] Deus 2014, S. 61

Durch die Zurückweisung des Fortschrittsbegriffs wird eine *„Komplexitätssteigerung nicht mehr - zumindest nicht mehr explizit - als »Höherentwicklung« positiv bewertet"*[12]. Die Entwicklung ist somit völlig richtungslos, „zwar durchaus von lokalem Komplexitätsgewinn und -verlust gekennzeichnet, aber ohne inhärente Richtung in der Makroebene. Der Michale Ruse zugeschriebene Satz *„Die Evolution geht sehr langsam nirgendwo hin"*[13] drückt diese Gegebenheit auf passende Weise aus. Noch etwas zugespitzter könnte man auch diagnostizieren: *„Obwohl sich unendliches ereignet, geht es nicht voran in der Zeit."*[14] Entwicklung ist in diesem Sinne vielmehr ein *»Auswickeln«* verschiedener differenzierter kultureller Phänomene und kein Vorankommen im Sinne einer Fortschrittsachse. Diese Auswicklungen können schnell zu *„riskanten Verwicklungen"*[15] mutieren, Verstrickungen jenseits von Ordnungsgefügen.

---

[12] Antweiler, S. 485, vgl. hierzu auch Deus 2015, S. 10; Zusatz C. H.): *„Überlegene oder unterlegene »Rassen«, Ethnien etc. gibt es nicht, für die aufgeklärteren unter den Evolutionisten gibt es gar keine Menschenrassen. [d] Aufgekündigt ist weiterhin schließlich das enge begriffsgeschichtliche Bündnis zwischen Evolution und Fortschritt."*

[13] vgl. hierzu auch Deus 2015, S. 10

[14] Jünger 2008, S. 244

[15] Latour 2001, S. 37

Aus diesem Blickwinkel könnte man eher von sogenannten »*tipping points*« auf einer kulturellen Landkarte sprechen, von Giftspritzen einer Entartung, kreatürlichen Auswüchsen im jüngsten Zeitalter des Anthropozäns. Im anthropozänen Diskurs[16] kommt es zu einem tiefgreifenden Natur-Gesellschaft-Kompositum, indem der Mensch den Planeten radikal aus seinem gegebenen Ordnungsgefüge hebt und einschneidend transformiert. Diese technologischen Infrastrukturen schreiben sich im gegenwärtigen Zeitalter in die geologischen Tiefenschichten des Erdsystems ein. Was Latour zum sinnbildlichen Vergleich drängt: »*Houston we have a problem*«.[17] Das Problem ist, dass es diesmal nur keine Bodenstation gibt, wo der Funknotruf ankommen kann. Der Rezipient scheint nirgends verortbar, um über Rettungsschirme eine Rückführung einleiten zu können.

---

[16] vgl. hierzu Latour 2014, S. 4: „*We should not be surprised that a new form of agency -,it is moved' - is just as surprising to the established powers as the old one -,it is moving'.*", vgl. hierzu auch Beck, 2017, S. 11: In seinem unvollendeten Buch ,*Die Metamorphose der Welt*' geht es um eine „*Zustandsbeschreibung der Verwandlung*" welche „*den Gewissheiten moderner Gesellschaften den Boden unter den Füßen wegzieht.*", S. 11

[17] vgl. hierzu auch Latour, 2015

Der ursprüngliche Hegemonieanspruch des Evolutionismus kehrt sich im Neoevolutinismus um - es kommt zu einer Umkehrung des Blicks:

„Performativ fordert [die neoevolutionistische Kulturkritik] uns auf, mit eingelebten und kulturell »geheiligten« Gewohnheiten zu brechen, wenn sie ökologisch schädlich geworden sind. Denn natürlich geht es immer um »uns« [vgl. hierzu auch: »the west and the rest«, Stuart Hall], wenn von den Mayas, den Wikingern, den Osterinsulanern die Rede ist. Da es aber keinen grundlegenden Unterschied zwischen »ihnen« und »uns« gibt (kulturelle oder sonstige »Überlegenheit« gibt es nur in Bezug auf vordefinierte Probleme, nicht absolut – auch das eine der »Kränkungen«, die uns der Evolutionismus zumutet), befinden wir uns in der gleichen Lage wie die untergegangenen Kulturen. Was ehedem als Folge kultureller Überlegenheit galt (die Erfindung von Wissenschaft, Kapitalismus, Kolonialisierung, Welteroberung – durch die Europäer) wird evolutionistisch als Ergebnis natürlicher Startvorteile gedeutet."[18]

Der ursprüngliche Hegemonialanspruch des Evolutionismus kehrt sich um: die Führungsrolle des gestalterischen, planbaren wird abgegeben, die Architektur des willentlichen Denkregimes das ordnend eingreift und ganze Kulturlandschaften planiert, gibt

---

[18] Deus 2015, S. 26; Zusatz: C. H.

ihr Kommando auf, ist vielmehr ihrem Echo ausge-
liefert. Der Steuermann verlässt die Kommandobrü-
cke. Man hechelt nun den Effekten nur noch hinter-
her.[19] Aus Tätern der Tatkraft in der Moderne werden
Opfer eines Ausgeliefertseins in der Postmoderne,
denn *„das Narrativ […] dieser brüchigen Identität ko-
diert uns als »Steinzeitjäger im Spätkapitalismus«."*[20]

*„Nun gilt das Spielformat des prisoner's dilemma, zu
dessen Familie auch andere prekäre Kooperationsspiele wie
Tragedy of the Commons gehören."*[21] Denn diese "*Tragik
der Allmende*" beschreibt das Problem begrenzter Res-
sourcen, welche einen radikalen Perspektivwechsel
heraufbeschwören[22], sozusagen einen *„absoluten Imperativ"* einen *„metanoetische[n] Befehl schlechthin"*[23],

---

[19] vgl. hierzu auch: Bauman 1995a, S. 1 - 8: Intellectuals: from
   modern legislators to post-modern interpreters
[20] Deus 2015, S. 28
[21] Deus 2015, S. 30
[22] vgl. Knobloch, C. 2015: *„The Tragedy of the Commons"* –
Anatomie einer Erfolgsgeschichte, vgl. hierzu auch Quilligan 2020:
Bezugnehmend auf das Dilemma von Angebot und Nachfrage,
als einer Tragödie des Allgemeinguts bzw. einer Tragik der
Allmende hielt James Quilligan, Berater der Nord-Süd
Kommission, diesbezüglich einen Vortrag auf der
Internationalen r3.0-Konferenz 2020, welches sich einer
regenerativen und distributiven Wirtschaft widmet.
[23] vgl. hierzu Sloterdijk 2009, S.47: *„Du musst dein Leben ändern! -
so lautet der Imperativ, der die Alternative von hypothetisch und
kategorisch übersteigt. Er ist der absolute Imperativ - der metanoetische*

einfordern, um den Exzessen der Moderne noch entgehen zu können.

Genau unter diesem prekären Hintergrund des *prisoner's dilemma* finden sich die Ursprünge des Freetekno wieder. Das Phänomen der Freeteknobewegung ist als Antwort auf die Sinnentleerung der urbanen Krise in der Thatcher/Reagen-Ära zu verstehen.[24]

Aus dieser Perspektive heraus ist Freetekno als ein »*throw back*«, ein Zurückerinnern, ein Wieder-Auffrischen von vormodernen »*Patterns of Culture*«[25] gegen die Hybris der westlichen modernen Zivilisation zu betrachten.

Befehl schlechthin. Er gibt das Stichwort zur Revolution in der zweiten Person Singular."

[24] vgl. hierzu Anderson 2007, S.500: „*Members of Generation X (the birth cohort born between 1965 and 1980, see Ulrich and Harris 2003) orginated raves during the conservative eras of Thatcher in the UK and Reagan in the USA. Many young 'Gen Xers' in the late 1980s and early 1980s responded to cultural tensions (e.g., conservatism versus liberalism and fears of economic alienation) by participating in raves.*", vgl. hierzu auch: Collins, 1997, Readhead, 1993, Reynolds, 1999

[25] vgl. hierzu Ruth Benedict: Patterns of Culture: „*Die Kultur müssen wir uns […] als großen Kreisbogen vorstellen, an dem alle überhaupt möglichen Kulturelemente aufgereiht sind (…). Ihr Wesen als das einer Kultur hängt von der Auswahl ab, die sie unter diesen vielen Kreissegmenten trifft. Jede menschliche Gesellschaft verfügt in ihren kulturellen Einrichtungen über eine ganz bestimmte Auswahl*" (Benedict 1957 [1935], S. 23)

18

Natürlich aus dem technischen Kleid in das es hineingeboren wurde. Ikonographisch ausgedrückt bildet das „*Stammesfeuer*"[26] - ganz im Sinne von Turners

---

[26]vgl. hierzu Bauman, 2018, S. 65 -109: Seine bewusst gewählte, klischeehafte Metapher „*Zurück ans Stammesfeuer*", fernab gängiger wissenschaftlicher Termini, für ein Kapitel in seinem letzten Werk Retropia, um diesen Trend aufzuzeigen. Vgl. hierzu auch Hitzler 2008, S. 11: „*Zygmunt Bauman erblickt im Wiederentstehen der von den »Regierungstruppen der Moderne« scheinbar so erfolgreich ausgerotteten Stammeskulturen sogar einen der augenfälligsten Indikatoren der Postmoderne.*"

»*weiterziehenden Kreise*«[27] - nunmehr das Soundsystem. Das TB 303[28] ist die schamanistische Trommel[29] der Postmoderne.

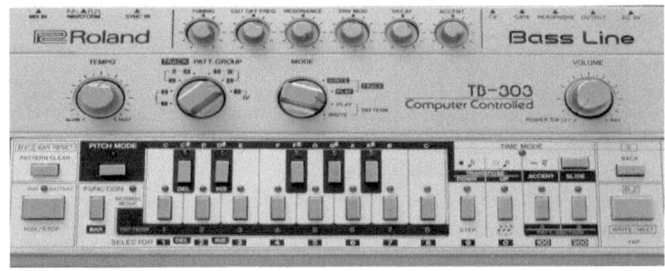

Roland TB-303 (Abb. 1)

---

[27] vgl. hierzu Turner 1977, S. 36: Turner spricht auch von einem »*Supermarkt religiöser Waren*«, in der die Symbole des rituellen Handelns ausgewandert sind. Vgl. hierzu auch Dumke 2001, S. 74-77 zur »*Wanderung von religiösen Funktionen*« im Kontext von »*Techno als säkuläre Liturgie*«

[28] McCaffrey 2015: „*The 'Acid' element of Acid House was almost solely down to the use, or rather "misuse" of the Roland TB-303 (Wallin, 2010) to create 'acid house bass-[lines]' (Snowman, 2012). The machine was actually "intended originally as an accompaniment for guitarists. [...] Free party rave culture, like Jamaican soundsystem culture, which put high regard to the "hip new sounds from the states (Stanley 2012), also relied on the "fresh imports from Chicago, Detroit and New York City" (Reynolds, 1999).*"

[vgl. hierzu Abb. 1: Foto Steve Sims (Gemeinfrei)
https://commons.wikimedia.org/w/index.php?curid=11966591]

[29] Eliade, 2014, S. 171: „*[Die] Trommel ist beherrscht von der Symbolik der ekstatischen Reise.*"

Diese werden zu Pop-Art-Begriffen des Symbolischen, zu Leitlinien einer poststrukturalen Gottesanbetung[30], unter der sich die Jünger des neu entfachten, wenn auch imaginären Feuers, versammeln.

Deshalb ist von einer »archaischen Moderne« zu sprechen, jenseits der gebräuchlichen dichotomen Gegenüberstellung. Vielmehr ist der Diskurs des Freetekno auf einer Metaebene einzuordnen, als eine plurale »Onto-Topologie« der Zwischenwelten. Um diesen Zwischenwelten beizukommen müssen die herkömmlichen Zeitachsen in einen anderen Fokus gerückt werden. Man könnte ganz nach Baudrillard[31] sagen, dass diese jenseits der „traditionellen",, „archaischen" Zusammenhänge zu modellartigen Simulationsachsen mutieren und somit aus allen historischen

---

[30] vgl. hierzu auch Dumke 2001 S. zur Vergleichbarkeit von Gottesdienst und Technoevent: *„Die Teilnahme an der einen wie an der anderen Prozession gleicht einer Wallfahrt."* S. 73 *„Von diesem Hintergrund erscheint nun die Begegnung und damit auch die Verbindung von Techno und Kirche („Zwei Welten begegnen sich") als ein aktueller Versuch, die Nüchternheit der Liturgie zu überwinden", „und kann als Versuch angesehen werden, die damit einhergehende »Entzauberung der Welt«, parallel zur »Entsinnlichung der Liturgie« im Protestantismus zu relativieren und ihr entgegenzuwirken."* S. 79

[31] vgl. hierzu auch Horacek 2000, S. 145 zu Baudrillards Simulationsmodell in der sich Zeichen vom Bezeichneten löst: *„Die Bezeichnungsmechanismen [werden] in eine Eigendynamik [versetzt], die stärker ist als archaische Bindungskräfte"* (Zusätze C. H.).

Bezügen herausbrechen, quasi sich zu Kunst-Begriffen – im Sinne von Kunst als Religionsersatz – stilisieren, zu Schmuckstücken einer neu zusammengesetzten Identität, die vor allem ein Ziel haben: Dasein zu ermöglichen, mit der sich die Rezipienten identifizieren können. Gerade da sie außerhalb der Bezüge eines historischen, linearen Nacheinanders stehen, wie sie im evolutionistischen Diskurs noch manifestiert sind, wird ihnen eine neoevolutinäre, neoarchaische, neotribale Ontologie entgegengestellt. jenseits der herkömmlichen Relationen.

I.2. Free hugs – Freetekno?

»Wer alle umarmt, umarmt niemanden«[32]

Das Wort »*Stamm*« leitet sich von dem lateinischen Begriff tribus ab, den Verwaltungseinheiten und Stimmrechtseinheiten des alten Rom. Nach Cornell gibt es keine Hinweise darauf, dass römische Stämme Verwandtschaftseinheiten waren. Sie waren vielmehr, künstliche Einheiten, die für administrative und politische Zwecke eingesetzt wurden.[33]

Auch wenn unter Kulturanthropologen das Konzept des Stammes als wissenschaftlicher Terminus mittlerweile diskreditiert und aufgegeben wurde, erfuhr er jenseits der akademischen Welt einen Siegeszug, dass er noch vielfach für die Benennung von menschlichen Gesellschaften eingesetzt wird und

---

[32] vgl. hierzu Ensslin 2019: „*Es gibt ein Sprichwort: Wer alle umarmt, umarmt niemanden. Folgt man Ágnes Heller, ist dies die Grundeinsicht Shakespeares: Sowohl die Selbstbehauptung des Individuums, die sich auf sein Begehren, seine Vorstellungen, Hoffnungen und Talente gründet, ist „natürlich" – als auch die Ordnung, die ebendiesem Individuum eine Rolle [...] zuschreibt. Ebenso, wie die Logik des Sprichwortes behauptet, wenn alle umarmt werden sollen, verliert der Begriff der Umarmung jegliche semantische Kohärenz, so fasst Heller ihre Interpretation Shakespeares zusammen:* When everything is natural – nothing is!"

[33] Cornell 1995, S. 116 f

sich erhalten hat. *„Die sozialwissenschaftliche For-schung konstatiert jenseits dieser eher feuilletonistischen Wir-Erzählung eine »Rückkehr des Kollektiven«".*[34] Das heißt Individualität zersplittert sich im Polytheismus von Werten, in einer Rückwirkung auf das Gemein-schaftliche.

Der französische Soziologe Michel Maffesoli prägt bereits Ende der 1980er-Jahre für diese Dynamik die Metapher des *»Neotribalismus«*[35] Eine Bezeichnung, die er *„ausdrücklich metaphorisch verwendet"*, als eine *„durch Gefühle verbundene Gemeinschaft".*[36] »Neotriba-lismus« beleuchtet somit eher ein Mindset, welches durch Lebensstile zum Ausdruck gebracht wird und ist somit eher kultisch fokussiert anhand von *„ästhe-tischen, emotionalen oder von Konsum geprägten Bindun-gen".*[37] Das heißt diese postmodernen Stämme entste-hen *„auf der Basis von Empathie".* Den anonymen Mas-sen treten damit *„Gefühlsgemeinschaften"* entgegen, die sich auf *„Berührung"* gründen, *„als eine soziale Form besonderer Art."*[38] *„Some aspects of traditional tri-balism are not found in postmodern neo-tribalism. What,*

---

[34] Livi 2017, S. 365

[35] vgl. hierzu: Maffesoli 1996

[36] Knobloch, H. 1988, S. 780

[37] Livi 2017, S. 365

[38] Knobloch, H. 1988, S. 780. Auch Schroer verwendet diesbezüglich den Begriff der *»Gefühlsgemeinschaften«*: vgl.

in contrast, is particularly specific to neo-tribalism is the feeling of belonging or simply sharing a taste or style."[39]

Die neotribale Metapher fand vor allem im anglo-amerikanischen Raum große Resonanz und wurde von kulturtheoretischen Soziologen wie Zygmunt Bauman, Scott Lash oder John Urry aufgenommen. In Italien, Spanien und Portugal erlebte sie *„einen regelrechten Boom".*[40] Zygmunt Bauman sieht in der begrifflichen Renaissance *des „von den »Regierungstruppen der Moderne« scheinbar so erfolgreich ausgerotteten Stammeskulturen"* einen entscheidenden Gradmesser der Postmoderne.[41]

Diese bilden jedoch im Gegensatz zu *„ihren archaischen »Vorlagen«"* lediglich imaginäre Gebilde.[42] *„In*

Schroer 2018, S. 105: *„Bei den Stämmen der postmodernen Gesellschaft handelt es sich um »Gefühlsgemeinschaften«, die nicht durch rationale Erwägungen, sondern durch Emotionen zusammengehalten werden."*

[39] Maffesoli in Tyldesley 2013, S. 112

[40] vgl. hierzu Livi 2017, S.366

[41] vgl. hierzu Hitzler 2008, S. 11 f

[42] vgl. hierzu Hitzler 2008, S. 11f, vgl. hinsichtlich den vorgestellten Gemeinschaften auch Benedict Andersons Werk und Konzept der *»Imagined Communities«* (1983) hinsichtlich der Untersuchung des Nationalsozialismus, vgl. hierzu auch Bauman 2006c, S. 19: *„Gemeinschaften sind vorgestellt (Imaginationen): der Glaube an ihre Existenz ist ihr einziges Baumaterial, und die Behauptung, sie seien wichtig, die einzige Quelle ihrer Autorität."*

den Augenblicken ihrer Verdichtung [können die selbster-
nannten »Mitglieder«] eine buchstäblich atemberaubende
Intensität erreichen." [43] Somit beruhen diese neuen
Stämme nicht auf einer existenziellen, auf Verpflichtung basierenden Grundlage, sondern – über emotionale, affektuelle Zugehörigkeiten – auf einer kultisch fokussierten und stabilisierten zwischen-
menschlichen Aggregation.

Ihre Mitglieder verfügen somit über Eintritts- uns
Austrittsoptionen in diesen Partikulargemeinschaf-
ten - ihre Macht beruht nicht auf *„Verpflichtung son-*
dern auf Verführung"[44]: *„Diese Verführung geschieht u.a.,*
aber wesentlich, über Optionen zur Teilhabe an von den je
dadurch Verführten als »erlebenswert« angesehenen sozi-
alen Ereignissen."[45] Somit kommt es über *ein „Opti-*
ons-Karusell" [46] von *„Sinn-Provinzen"* und *„biografi-*
schen Zufälligkeiten"[47] zu einem provisorischen Wir-
Gefühl. Diese flüchtigen und kontingenten Verge-

---

[43] Bauman 1995c, S. 20; Zusatz: C. H.
[44] Hitzler 2008, S. 12: durch das Fehlen von „Sanktions-
      potentialen"
[45] Hitzler 1999, S. 228
[46] Hitzler, 1999, S. 223
[47] vgl. Hitzler 1999, S. 225

meinschaftsprozesse werden zu einem »*Vehikel individueller Selbstdefinition*«: „*Sie beanspruchen nicht mehr Geltung als der Augenblick ihrer Existenz dauert.*"[48]

Da die Neo-Stämme über keine überindividuellen Ankerpunkte verfügen, können sie sich nur über Zuneigung und gegenseitige Anerkennung ihrer Mitglieder versichern. „*Existieren heißt [nun] dargestellt werden; ich werde gesehen also bin ich.*"[49] Das Cogito verschiebt sich in den tribalen Wucherungen auf eine utopische Ebene. Die Schau muss dabei spektakulär und aufdringlich sein, was den Spieleinsatz ständig in die Höhe treibt.

Der Heidelberger Ethnologe Hans Peter Duerr hebt ebenso den hedonistischen und unverbindlichen Charakter dieser »*Raving Society*«[50] hervor, indem er diese als „*Happy-go-lucky-Gemeinschaften*" betitelt: „*Auf den Raves tanzen [...] Monaden, die sich zur Schau stellen und dabei scharf beobachten, wie sie auf andere wirken. Auf die Frage, was denn die Leute miteinander verbinde, sagte eine Raverin:* »die Unverbindlichkeit«.*"[51]

---

[48] Bonacker 2014, S. 178
[49] Bauman 1995c, S. 20
[50] vgl. hierzu auch Sterneck 1996, S. 110
[51] Duerr 2000

Auch Bauman kritisiert die Flüchtigkeit der neotribalen Gemeinschaften, wenn er jene kurzweiligen
auf einen Anlass bezogenen *„Gemeinschaften der Her-
ausgeputzten"* als *„Karnevalsgemeinschaften"* bezeichnet: *„wenn der Karneval vorbei ist, gehen die Leute nach
Hause und kümmern sich um ihre Alltagsgeschäfte".*[52]

Insgesamt sieht er Neostämme nur bedingt taug-
lich, als Strategie zur Überwindung dieser negativen
Beziehungsattribute in postmodernen Beziehungen[53]:
*„Ihre Bruchstückhaftigkeit und Diskontinuität, die Enge
ihres Blickwinkels und ihrer Ziele, die seichte Oberfläch-
lichkeit des Kontakts"*[54] lassen jede Tiefsinnigkeit des
Menschlichen vermissen. Ähnlich sieht es Duerr:
*„Die Spaßkultur ist die Kultur des Infantilismus – das
Kind, das an die Mutter-Brust will, die immer und überall
bereitsteht."*[55] So steht, bezüglich der neotribalen Gemeinschaftsformen, die Kritik einer inneren *Gebär-
mutterhaltung* (Döbereiner) im Raume, fernab eines
wirklichen Reifeprozesses einer inneren Entwicklung. Man pflückt sich eher Früchte ohne diese säen
zu müssen.

---

[52] Bauman in Höller 2003, S. 23
[53] vgl. Bauman, 1997 S. 124
[54] Bauman 1997 S. 168
[55] Duer 2000

In Deutschland wurde die »*Rückkehr der Stämme*« nur von Reiner Keller einer intensiveren Diskursanalyse unterzogen und fand sonst kaum Widerhall. Massimiliano Livi sieht den Grund hinter der offensichtlichen Schwierigkeit, Semantiken der Begriffe »*Tribe*« beziehungsweise »*Tribù*« durch »*Stamm*« oder »*Sippe*« zu replizieren.[56]

Markus Schroer erwähnt diesbezüglich, dass „*mit dem provokativ gewählten Ausdruck der »Stämme«, der in den Theorien der Modernisierung allein für archaische Gesellschaften reserviert ist*", „*eine Nähe der Postmoderne zur Vormoderne*" seitens Maffesoli signalisiert werden soll, welche sich nicht von den Ritualen von »*Stammesgesellschaften*« abgrenzen, sondern in Form von dionysisch geprägten Zusammenkünften daran anknüpfen, ein Zugehörigkeitsgefühl zu kreieren.[57] Für Maffesoli implizieren diese Sachverhalte ein Wiederauftauchen verdrängter emotionalgesteuerter Ebenen des Menschseins, welches er als eine „*Rückkehr*

---

[56] vgl. hierzu Livi 2017, S.366

[57] Schroer 2018, S. 105, vgl. hierzu auch: Maffesoli in Tyldesley , 2013: „*In a similar way, the postmodern includes elements that were specific to pre-modernity, that is to say, it sees the resurgence of timeless characteristics, which are contemporaneously a new realization.*", S.110

der Affekte"[58], einer *„Rückkehr des Wilden/Heiligen"*, einer *„Rückkehr der Gefühle"*[59], einer *„Rückkehr des Festes"*[60], einer *„Rückkehr der Orgie"*[61] sowie einer *„Rückkehr des »Dämonischen«"*[62] bezeichnet. Er sieht in der Postmoderne damit eine Rückführung von Spiel, Rausch, Fest und Ekstase – Emotionalitäten eines Wir-Gefühls, welche in der Moderne, im Zuge der Rationalisierung von der Bildfläche nahezu verdrängt wurden.

In einem Interview spezifiziert Maffesoli diese Rückkehr des Archaischen, im gegenwärtigen Kontext der Postmoderne, als Hedonismus, Tribalismus und Nomadentum.[63] Maffesoli spezifiziert diese Wiederkehr auch als eine *„Rückkehr zum Realen"*, in einer *„Erneuerung der ökosophischen Sensibilität"*, *„welches erneut in Erinnerung bringt, was zu vergessen werden droht."*: dem *»élan vital«*[64], jenem *„ununterdrückbaren Vitalismus"*, welches einen *„Schwung des Lebens mit sich bringt"* und welches über René Decartes, als

---

[58] Maffesoli 2015, S. 22

[59] Maffesoli 2015, S. 27

[60] Maffesoli 2015, S. 34

[61] Maffesoli 2015, S. 39

[62] Maffesoli 2015, S. 42

[63] Maffesoli in Tyldesley 2013, S. 109

[64] vgl. Maffesoli 2018, S. 65: Maffesoli bedient sich bezüglich des *»élan vital«* einer Wortschöpfung Henri Bergsons

eine „*animalische, tierische Leidenschaft*" diffamiert worden ist.[65]

Nach Keller gründet sich die »*Wiederkehr der Stämme*« auf einen „*gesellschaftlichen Vitalismus und des* »*Rhythmus des (postmodernen Alltags-)Lebens*«*, welche um die „Erfahrungsebene des Alltagslebens kreist.*"[66] Maffesoli spricht diesbezüglich auch von der „*Banalität des Alltags*"[67], in der „*sich die wahre Kultur [...] durch ihre große Banalität auszeichnet.*"[68]

Die große philosophische Anthropologin Ágnes Heller sieht in der »*Banalität des Alltags*« eine taktische Zielgerade, um sich aus dem Dilemma der Postmodernität zu befreien, nachdem die großen Revolutionen gescheitert sind:

„*1968 habe ich als Bestätigung meiner Ideen erlebt. Insbesondere bestätigte sich für mich die Überlegung, dass wir keine politische Revolution brauchen. Wir brauchen eine Revolution des Lebens, des Alltagslebens. Das Leben muss selbst transzendiert werden, dies schien mir der entscheidende Punkt. Wir müssen nicht ‚die Macht erringen‘ und brauchen keine proletarische Revolution. Wir müssen unsere Leben ändern.*"[69]

---

[65] Maffesoli 2018, S. 65 f
[66] Keller 2006a, S. 211
[67] Maffesoli 1990, S. 214f
[68] Maffesoli in Lipp 2012, S. 64
[69] Heller in Ensslin 2019

Es ist ein Ausbruch des »*Homo Ludens*«[70], aus den Folgerichtigkeiten der verplanten und zubetonierten Erlebniswege, als einer Verweigerung des Fortschrittsgedankens, der Fortschrittszeit des »*immer weiter, immer höher, immer schneller*«. Anstelle dessen setzt er die Existenz des Soseins in seiner vollen Banalität und Nichtigkeit, als ein hedonistisches Feiern der Untergründe und Abgründe, einer unbegründeten Heiterkeit aus dem Nichts, einer Erfüllung aus der Destruktivität, aus einer Schattenexistenz des Daseins.[71]

Am Abgrund stehend, triumphiert er über die scheinbaren Sieger - den Strategen einer willentlichen Zielsetzung - die all ihre verplanten Erlebniswege im aufgestauten Zeitrucksack mit sich tragen, indem er alle Werte umstürzt und umkehrt und sich nicht in Horváths Proklamation der ausgemergelten

[70] vgl. zum näheren Verständnis des Begriffs Huizinga, 2009: „*Im Spiel spielt etwas mit, was über den unmittelbaren Drang nach Lebensbehauptung hinausgeht und in die Lebensbestätigung einen Sinn hineinlegt.*" S.9 „*Wir spielen und wissen, dass wir spielen, also sind wir mehr als bloß vernünftige Wesen, denn das Spiel ist unvernünftig.*" S.11

[71] Maffesoli spricht auch vom Typus des »*Homo eroticus*« (Maffesoli 2012) und »*Homo festivus*« (vgl. Maffesoli 2015, S. 42), welcher „*trotz des sterilen gesellschaftlichen Lebens, das im Westen überhand genommen hat*" (Maffesoli 1986 S. 158), in Form einer „*Zirkulation der Affekte*" (Maffesoli 1986 S. 24) wiederkehrt.

Skelette eines ausgehöhlten Daseins ohne Fleisch und Blut einreihen muss: *"Ich bin nämlich eigentlich ganz anders, aber ich komme nur so selten dazu."*[72].

Der »*Homo Ludens*« - als Vagabund einer Seinserfahrung - strotzt dieser Blasphemie des Lebendigen mit dem Gegenentwurf einer unbegründeten Seinserfüllung aus sich heraus, ganz im Sinne Lennons *"life is what happens to you, while your busy making other plans."*[73]

Diese *"postmoderne Situation"* ist *"zugleich 'sinnlos' und 'überflüßig', also nicht in ein gesellschaftliches Gestaltungsprojekt eingebunden"*. [74] Bataille spricht diesbezüglich von einer »*unproduktiven Verausgabung*« (dépense improductive), welcher der produktiven Konsumtion, der Zweck-Mittel-Relation, der rationalen Moderne gegenübersteht und jeglicher Finalisierung entzogen ist. *"Was [...] der Zweckrationalität nicht mehr gehorcht, ist tendenziell zugleich zweckfrei – ein sinnloses Vergnügen, das seine Lust gerade aus der Sinnlosigkeit zieht. Das Ziel der Aktivität ist nicht der Gewinn, der Nutzen, sondern der Verlust."*[75]

---

[72] Horváth 1978, S.67
[73] Lennon @
[74] Keller 2006a, S. 214
[75] Bergfleth 1985, S. 9

Die vitalistische Energie, als *„organischer Wider-stand"*, als eine Art *„sozialer Koenesthesie"*, welches das soziale Band zusammenhält und integriert, wird mittels der *„Kraft des Imaginären"*, als Ort der *„aisthesis"*, der kollektiven Erfahrung hervorgerufen.[76]

„Hedonistische Momente, die Mobilisierung durch Gemeinschaftserfahrungen und kollektive Erregungen im Genießen vergehender Spektakel (etwa in der Techno-Bewegung), aber auch Erfahrungen der Tragik und der ‚Wiederkehr des Bösen' markieren diese Phase der »Rückkehr der Stämme« (Maffesoli 1996). An die Stelle der Suche nach Identität treten die erlebnisorientierte temporäre Identifikation mit solchen Stämmen und das Maskenspiel nomadisierender Personen, die in sukzessive Erfahrungen der »Kommunion« treten."[77]

Gilbert Durand hebt in seinem Buch »*Die anthropologischen Strukturen des Imaginären*« den Zwischencharakter dieser Bilder hervor, indem er zwischen Bilder der *„Ordnung des Tages"*, der *„Ordnung der Nacht"* und Bildern einer *„transzendentalen Phantastik"* unterscheidet, welche *„die Grenze zum Bild als Repräsentation"* endgültig überschreitet. Erst über diesen Zwischencharakter der Bilder wird der Mensch beheimatet. *„Denn nichts ist bedrohlicher als*

---

[76] Keller 2006a, S. 212
[77] Keller 2006a, S. 213f

eine Welt ohne Bilder, als Dunkelheit oder gleißendes Licht,
die beide Bilder zerstören."[78]

Während Durand von einem »semantischen Vorrats-
becken« spricht, bezeichnet C.G. Jung diese universel-
len Urbilder als Archetypus. Die »Ordnung der
Nacht« kennzeichnet Jung als Schatten. Die Konfron-
tation mit dem eigenen Schatten und die Integration
in die Gesamtpersönlichkeit ist für Jung unabding-
bare Aufgabe des menschlichen Reifeprozesses und
eine wichtige Voraussetzung zur Ganzwerdung und
Individuation, fernab der fragmentierten Daseinsinhalte. „Es liegt im Bereich des Möglichen, dass man das
Relativ-Böse seiner Natur erkennt, wohingegen es eine
ebenso seltene wie erschütternde Erfahrung bedeutet, dem
Absolut-Bösen ins Auge zu sehen."[79]

Bei der Analyse des Imaginären geht es Maffesoli
immer „um die Integration des »Teuflischen« (Maffesoli
2002), des »verfemten Teils« (Georges Bataille)"[80],
denn „das Böse wird umso fürchterlicher, je länger ihm
nicht Luft gegeben wird."[81] In diesem Sinne ist, wie

---

[78] vgl. Wulf 2006, S. 56
[79] vgl. Jung 1983, §19, vgl. hierzu auch Freeman 1995, S. 93 zum
zerstörerischen Potential des Schattens: „Selbst Tendenzen, die
unter Umständen einen positiven Einfluss ausüben könnten,
werden in Dämonen verwandelt, wenn man sie unterdrückt."
[80] Keller, 2006a, S. 212
[81] Jünger 1977, S.25

Egon Friedell es auf drastische Weise in seiner »*Kulturgeschichte der Neuzeit*« ausdrückt, dauerhafte Gesundheit „*eine Stoffwechselerkrankung*"[82]

Die „*Imagination des Bösen*" wie ein Buchtitel Sabine Friedrichs heißt, führt zu einer „»*ontologische[n]*« *Erfahrungsdimension der Sünde*", als blasphemische Verbotsüberschreitung. „*Bataille bestimmt das Böse als das umgekehrte Gute, sozusagen als »Blasphemie des Guten*«"[83]

---

[82] Friedell, 1976, S. 69 f
[83] Friedrich, 1998, S. 28

I.3. „Freundschaft als Alternative zur Irrenanstalt"[84]

In der postmodernen Gesellschaft, von Zygmunt Bauman auch als eine *»flüssige Moderne«* deklariert, kommt es immer mehr zu einem *„shop around in the supermarket of identities."*[85]

„Es „gilt die Devise des »anything goes«. »Nichts ist wahr, alles ist erlaubt«, sagt Nietzsche. »Nichts ist unmöglich«, wirbt Toyota. Alles tendiert zur Gleich-Gültigkeit, jedes Urteil ist lediglich Geschmacksurteil, man wählt zwischen Weltanschauungen wie zwischen Kalbshaxe und Chop Suey. Multikulti ist die Gesellschaft, in der keine Tradition die andere mehr ausschließt: morgens Zen-Meditation,

---

[84] Bauman 1995b, S. 300, vgl. hierzu auch Krause 2005, S. 56: *„Die Vielzahl postmoderner Ängste treibt das der unheilbaren Kontingenz der Welt bewusste Wesen auf die Suche nach Mitteln zur Kompensation seiner Einsamkeit. Kontingenz bedarf schließlich »der Freundschaft als Alternative zur Irrenanstalt« (Bauman) und so führt die Einsamkeit den Menschen auf die Suche nach Gemeinschaft. Kompensation der Folgen einer brüchig gewordenen Sozialisation findet das Individuum in so genannten Neostämmen, d.h. in postulierten Gemeinschaften."*

[85] Bauman 2000 S. 83. In der deutschen Ausgabe wird der englische Werktitel als *»flüchtige Moderne«* übersetzt

nachmittags Schamanen-Kurs, anschließend Bibelkreis und abends italienisch essen." [86]

Die variablen Verhaltens- und Identitätsmuster, welche sich immer mehr in flüssige Rinnsale – einer ehemals feststehenden Identität wandeln, taugen kaum noch für eine Vorstellung eines *»identischen Individuum«* mit stabilem Kern. Es sind vielmehr rhizomatische Durchgangsstationen einer Vielheit in Einheit[87], die eher zu Standflächen als Standpunkten eines Ich-haften Bewusstseins führen. Die Verortung liegt im In-Between Charakter einer permanenten Zwischensituation [88] was dazu führt, dass Standpunkte schnell umfallen, und das postmoderne Ich diese Standpunkte in ein ganzes Areal zu einer Standfläche erweitern muss, um sich horizontal positionieren zu können. Standpunkte sind im Zeitalter der post-erosionalen Prozesse keine Stützpunkte mehr, sie gehen zu leicht im Mahlstrom der Akzelerationsprozesse und im gegenwärtigen Zeitregime der Geschwindigkeit unter.

Die Zeit, in der die Dinge anders sein werden, rückt für den postmodernen Menschen immer näher.

---

[86] Duerr 2000

[87] vgl. hierzu Deleuze 1977, S.35

[88] vgl. zur näheren Erläuterung einer *»betwixt and between«*-Identität im Kontext der Liminalität Obodaru 2016 sowie Turner 1977

Lebensziele, Standpunkte der Betrachtung, stehen unter einer ständigen Dauerrevision. Aufgewendete Zeit wird scheinbar, um mit Günter Anders zu sprechen, nur noch als eine *„Form der Behinderung"*[89] erlebt. Alles steht unter dem Imperativ der Verwendung, der Verwertung, der Nutzung. Es kommt zu einer Diktatur der Effizienz, zu einem Imperativ der Zeitverdichtung, indem die Zeitsouveränität, im Sinne einer Achse des Ruhenden und eines Innehalten-könnens immer mehr verlorengeht. All diese Prozesse eines *»rasenden Stillstands«*[90], eines *„Kommunikationsgrundrauschens"*[91], eines fluktuierenden Bildertsunamis – als *„Kurz-Kurz-Muster der Zeitwahrnehmung"*[92] – spiegeln sich performativ im Rausch der Bässe und dem Schallgewitter des Teknos wieder, als ein Overload eines Getriebenseins auf *„rutschenden Abhängen"*[93].

---

[89] Anders 1988, S. 338

[90] vgl. hierzu das Werk des Geschwindigkeitstheoretikers und Begründer der Dromologie Paul Virilio: Rasender Stillstand 1992

[91] vgl. hierzu Meckel 2007, S. 109 f

[92] vgl. hierzu Rosa 2010, S. 470: *„Kurz-Kurz-Muster der Zeitwahrnehmung (rasch vergehende Erlebniszeit und rasch verlöschende Erinnerungsspuren)"*

[93] vgl. hierzu Rosa 2010, S. 468 f: *„Die hohe »kinetische Energie« bzw. die notorische Unruhe, von der moderne Gesellschaften nach der Diagnose ihrer Beobachter erfüllt scheinen, hat in dieser Grundbefindlichkeit der rutschenden Abhänge ihre Wurzel."*

Die vormoderne *»tribale«* Erfahrung des Ausgeschlossen-Seins wird ersetzt durch die stets präsente, angsterzeugende postmoderne Möglichkeit des Ausgeschlossen-Werdens in Gestalt eines Abgehängt-Werdens. Der Soziologe Ulrich Beck hat diese Drohkulisse einer zeitlichen Hetzjagd in einem schönen Sprachbild eingefangen: Der Mensch der Spätmoderne hat stetig das Gefühl auf einer Rolltreppe nach unten zu stehen und nach oben zu wollen. Wer sich nicht pausenlos abhetzt und anstrengt, fällt zurück, steigt ab.[94] Der schwedische Ökonom Staffan Linder spricht davon, dass eine Gesellschaft entweder reich an Gütern oder reich an Zeit ist, dass sich jedoch Güterwohlstand und Zeitwohlstand immer entgegengesetzt proportional verhalten.[95]

Neostämme im teknotribalen Kontext haben sich bewusst für einen Zeitwohlstand entschieden, sind in diesem Sinne *»Zeitaussteiger«*, indem sie ihre eigenes rituelles Zeitverständnis kreieren, somit nach Belieben Zeit ausdehnen bzw. einschmelzen, im Sinne des *»Existenzbastlers«*[96].

---

[94] vgl. hierzu Beck, 2012, S. 122
[95] vgl. hierzu Linder 1971: » Das Linder-Axiom oder warum wir keine Zeit mehr haben«
[96] vgl. hierzu Hitzler 1999: *»Die neuen Gemeinschaften der Existenzbastler«*

Die Idee eines individuellen „*Kern-Selbst*"[97] scheint nun die Wandelbarkeit – negativ ausgelegt könnte man auch von einer Austauschbarkeit sprechen, Imitationen im Stil des Mimikry[98]. Heiner Keupp spricht diesbezüglich auch von einer „*Patchwork-Identität*"[99]. Das Empfinden, als ein »*In-sich-Finden*«[100], wird ausgelagert in eine Widersprüchlichkeit der eigenen Erfahrungen, bei denen man als postmoderner Wellenreiter nicht mehr auf kontinuierliche Lebenslinien aus ist, sondern zwischen den Erlebnisparcours hin- und herswitcht. Individualität als Identität eines kontinuierlichen Selbstbildes – im Sinne eines »*Und das bin ich*« (Arthur Schoppenhauer) – wird immer

---

[97] vgl. zur näheren Definition des »*Kern-Selbst* «, als einer Entwicklung des Selbstempfindens im Kontext einer Intersubjektivität, den Entwicklungspsychologen und Säuglingsforscher Daniel N. Stern. Siehe hierzu auch: Galli 2015

[98] vgl. hierzu Lacan 1986 und seine Konzeption des Mimikry, als Spiegelbeziehung in Form einer Übertragungsbeziehung. Vgl. hierzu auch Prange 2003: *„Die in der Mimikry sich vollziehende Einschreibung der Gestalt ins Gestaltlose ist auch das Prinzip der Anamorphose. Lacan beschreibt sie als Korrektiv der geometralen Optik der Perspektive, in welcher sich das imaginäre cartesianische Ich entworfen habe."*, S. 73

[99] Keupp 1998, S. 17

[100] vgl. Kluge 1999, S. 220: althochdeutsch »*intfindan*«, also vom Wortursprung her »*etwas in sich finden*«. *„Die Bedeutung ist also eigentlich »herausfinden, wahrnehmen«, im Deutschen später eingeschränkt auf das Wahrnehmen seelischer Regungen."* Vgl. hierzu auch Döbereiner.

undurchdringlicher. Eine abgrenzbare Identität sitzt in der postmodernen Erlebniswelt zwischen den Stühlen, sozusagen auf dem Zaun, zwischen den Milieus, in denen sie operiert. Identitätsfindung wird zu einem kreativen Prozess als fiktionales Spiel der Welten.

Identitätsmuster werden damit immer mehr zu optionalen Lebensstrategien in denen *„Individuen, die dieselben Lebensstrategien gewählt haben und dieselben Erfahrungen machen, ihre subjektive Identität in ähnlichen Mustern (Patterns) suchen (und ausleben)."*[101]

In den 70er und 80er Jahren war der Diskurs der Subkultur eine gängige kultursoziologische Erklärung der Beziehungen zwischen Jugend, Style und Geschmack.[102] *„Post-war youth cultures"* wie *»Teddy Boys«*, *»Mods«*, *»Rockers«* und *»Skinheads«* wurden ein Schlüssel für das Verständnis eines abweichenden Verhaltens dieser Subkulturen, als eine kollektive Reaktion der Arbeiterjugend zu den strukturellen Veränderungen in der Nachkriegszeit.[103] Diesen traditionellen Subkulturen inhärent waren *„permanente Interaktionsformen, Dresscodes und Lebensstile"* welche

---

[101] Livi 2017, S. 370

[102] Dieser strukturelle Ansatz wurde stark von dem Birmingham Centre for Contemporary Cultural Studies (CCCS) vorangetrieben. Vgl. hierzu Bennett, 1999, S. 599

[103] vgl. hierzu Bennett 1999, S. 600

„*über klar definierte Hierarchien*" verfügten, sowie über ein „*System der Mitgliedschaft*".[104]

Wie Benett bemerkt, konnte gerade der Konsum in der Nachkriegsära jungen Menschen eine Möglichkeit bieten, sich aus traditionellen Klassenidentitäten zu befreien. Die gestiegene Kaufkraft der jungen Nachkriegsgeneration förderte und erleichterte entscheidend das Spiel und experimentieren mit neuen, selbstkonstruierten Identitätsformen.[105]

Unter Verwendung der originalen, damals dominaten Thesen der »Chicago School of Sociology« wurde der Begriff Subkultur zu einem Schlüsselverständnis hinsichtlich der abweichenden Gegenkultur hinsichtlich des strukturellen Wandels, und den Konflikten der Jugend gegenüber den althergebrachten Traditionen der Arbeiterklasse.[106] Albert K. Cohen entwickelte aus dem Begriff der Subkultur das Konzept der »*magischen Erholung*« (magical recovery) in dem 1975 grundlegenden Werk »*Resistance Through Rituals – Youth Subcultures in Post-War Britain*«.[107]

---

[104] Livi 2017, S. 371

[105] vgl. hierzu Bennett 1999, S. 602

[106] vgl. hierzu Bennett 1999, S. 600 f

[107] vgl. hierzu Cohen zitiert nach Bennett 1999, S. 601: „*The latent function of subculture is this – to express and resolve, albeit »magically«, the contradictions which remain hidden and unresolved*

Mittlerweile wird der Begriff der Subkultur immer mehr zu einem *„catch-all'term"*[108], für alle Aspekte des sozialen Lebens hinsichtlich des Styles junger Menschen, ihrer unterschiedlichen Lebensstile und bezüglich ihrer musikalischen Vorlieben.

Auch wenn Techno im populären Jargon als eine Subkultur bezeichnet wird, dient diese Kategorie kaum noch für eine ernsthafte wissenschaftliche Eingrenzung. Mit dem Aufkommen der Freeteknobewegung Anfang der 90er Jahre befindet sich jedoch dieser »*Widerstand durch Rituale*« nicht mehr in einer Opportunität zur Arbeiterklasse, auch wenn diese Lebensform immer noch eine magische Erholung vermittelt. Die starren Grenzen eines Klassenbewusstseins haben sich in liquide Übergänge (im Sinne Baumans »*liquid modernity*«) eines Sowohl-als-auch verschoben.

„Young men with shaved heads and pigtails, stripped to the waist, are executing vaguely oriental hand movements. Freeze-framed by strobes in clouds of dry ice, revivalist hippies and mods are swaying in the maelstrom. Rastas, ragga girls, ravers there is no stylistic cohesion to the assembly, as there would have been in the (g)olden days of

---

in the parent culture [by attempting] to retrieve some of the socially cohesive elements destroyed in [the] parent culture'."
[108]Bennett, S. 599

youth culture. So what is this noise that has united these teenage tribes?"[109]

Es kommt zu einer Transzendenz konventioneller Stilgrenzen.[110] Anders als die traditionellen Subkulturen der Nachkriegsgeneration leisten Raver *„keinen kohäsiven und kollektiven kulturellen Widerstand, um eine (relative) Unabhängigkeit von der »herrschende[n] Ordnung« zu erreichen. Sie suchen vielmehr einen neuen Platz in einer neu zu definierenden Ordnung."[111]*. Dieser Platz kann auch nur ein imaginärer, utopischer irrealer, transzendenter sein, wie diese Textzeilen eines Tracks der damaligen Hardcore-Breakbeat-Band Prodigy als Botschaft vermitteln: *„I'll take your brains*

---

[109] Willis 1993, vgl. hierzu auch: Transpontine @a: *„The free festivals of the 1970s and early 1980s grew out of a post-hippy 'freak' counter culture, later reinvigorated with an infusion of anarcho-punks and 'new age travelers'. The growing free party scene in the early 1990s included plenty of veterans from such scenes, but also attracted a much wider spectrum of ravers, clubbers and casuals. The traditional divide between marginal sub-cultures and mainstream youth scenes was breaking down as people from all kinds of social, cultural and style backgrounds converged to dance together in warehouses and fields. What's more, the movement seemed to be expanding rapidly beyond anybody's control."*

[110] Bennett 1999, S. 610

[111] Livi 2017, S. 373

to another dimension. I'm gon' send him to outer space, to find another race".[112]

Das heißt diese Gemeinschaften entwickeln sich aus *„gemeinsam Gefühlten"*[113], aus einem Fluchtcharakter heraus, sie leisten keinen Widerstand mehr, sondern sie entziehen sich vielmehr der harten Realität in utopische selbstgeschaffene Räume.

Durch das Einnehmen einer neo-tribalen Perspektive können diese *„situativen Identitäten"* einer *„kollektiven Gefühlswahrnehmung"*[114] auf eine empirisch greifbare Ebene gerückt werden und diskursanalytisch verortet werden.

In den neu arrangierten Netzen von Stammesbildungen kommt es zu einer provisorischen Architektonik von rein auf erlebnisbasierenden, situativen, provisorischen Gemeinschaften. Diese werden als *„fließendes Hin und Her zwischen »Massen« und »Stämmen« gedacht"*. Hinter diesen Gruppenbildungen steckt kein kausaler, ziel- und zweckorientierter Hintergrund, außer *„Erlebnisse, Erfahrungen und Gefühle"*,

---

[112] *»Out of Space«* 1992 veröffentlicht von der Gruppe Prodigy, war eines der ersten Undergroundhits welche auch im Mainstream erfolgreich wurden. Vgl. hierzu: @officialcharts, Prodigy @

[113] Livi 2017, S. 373

[114] Livi 2017, S. 371

welche zu einer gemeinsamen „*organischen Solidari-tät*" eines Miteinanders führen.[115]

„*Der wesentliche Unterschied zum ethnologischen Stammesverständnis liegt darin, dass dort die Stammes-mitgliedschaft totalen Charakter hat, es also keine Alter-native dazu gibt, allenfalls um den Preis der dauerhaften Ausstoßung aus sozialen Bindungen. In postmodernen Gesellschaften dagegen sind Stammeszugehörigkeiten flüchtig, Ergebnisse von Wahlentscheidungen und Affini-täten nomadisierender Individuen. Diese »Dahintreiben-den« verfolgen jedoch weder das Projekt eines rationalen Abwägens noch die Suche nach authentischer Identität, sondern verankern sich in sukzessiven identifikatorischen Prozessen als Personen.*"[116]

Das heißt, über die Assoziation des Stammes (*tribe*) entstehen neue Kristallisationspunkte des Sozialen[117], welche die Individuen aus ihrem fragmentieren Ab-getrenntsein wieder miteinander verknüpft und diese aus der anonymen, heterogen Masse wieder in ein gemeinsames Erleben zusammenführt. Diese Kristallisation „*beruht […] nicht auf Konformität oder Exklusivität, sondern auf einem Zustand des Geists, der*

---

[115] Keller 2006b, S. 106
[116] Keller 2013, S. 54
[117] vgl. hierzu auch Maffesoli 1998, S. 17

Individuen, auch Fremde in einem tribalen Moment bindet."[118] „*From this point of view the group is no longer a central focus for the individual but rather one of a series of foci or 'sites' within which the individual can live out a selected, temporal role or identity before relocating to an alternative site and assuming a different identity.*"[119]

Das heißt es geht um eine multiple Identifikation, in der sich die Person nicht mehr als zusammenhängend begreift, sondern provisorische Dynamiken, welche oft auch in einem widersprüchlichen Licht erscheinen, fließen in der postmodernen »Persona« - als „Maske des Schauspielers"[120], mit ein. Die neotribale Zugehörigkeit ist damit keine permanente, denn die Stammesmitglieder verfügen über situative Eintritts- und Austrittsoptionen, über mehrgleisige Verbindlichkeiten, in der temporäre Momente, emotionale Impulse, Sehnsüchte in einer provisorischen kollektiven Vereinigung gebunden werden.

---

[118] Livi 2017, S. 371

[119] Bennett 1999, S. 605

[120] Kluge 1999, S. 622, vgl. hierzu auch Jung 1998, S. 41: Die »*Persona*« „*ist aber, wie ihr Name sagt, nur eine Maske der Kollektivpsyche, eine Maske, die Individualität vortäuscht, die andere und einen selber glauben macht, man sei individuell, während es doch nur eine gespielte Rolle ist, in der die Kollektivpsyche spricht.*"

Durch diese neuen Interaktionsformen, welches Fremdes und Bekanntes zusammenführt und in einer ephemeren, flüssigen Form miteinander kurzschließt, werden neue Gemengelage erzeugt, die in die traditionellen, althergebrachten Strukturen ex nihilo einbrechen.

Das Band der Gemeinschaft ist damit nicht mehr, wie noch im subkulturellen Diskurs postuliert, ein Resultat kollektiver Verständigungsprozesse, in dem sich die einzelnen Mitglieder auf einen Wertekatalog von Rechten, Pflichten und Normen einigen und indem das soziale Band im Wesentlichen aus einem Band der Übereinstimmung, des Konsens hinsichtlich bestimmter Vorstellungen vom Guten und Rechten besteht. Gegenüber diesem Ansatz steht die neotribale Metapher, welche die Performanz, das prozesshafte Agieren in den Fokus rückt – rituelle Vollzüge einer Vergemeinschaftung, in denen das Affektive, Rauschhafte, Ekstatische im Mittelpunkt der kultischen Zusammenkunft steht. Das soziale Band kommt hier nicht mehr durch kollektive Übereinstimmung, sondern durch kollektive Überschreitung zustande, durch ein Über-das-Maß-Hinausschießen.

Nach Maffesoli erfährt die Epoche der Moderne *„einen Prozess der Sättigung"* eine *„sich von selbst erzwingende Rückkehr des Verdrängten [...] welche die alte*

Ordnung aushöhlt, ganz so wie die Bergarbeiter den stabi-
len Boden aushöhlen, und an ihre Stelle eine ‚unterir-
disch' wirkende integrierende ‚Zentralität' („centralité
souterraine") setzt. "[121] Diese neu entstehende postmoderne Ordnung zeichnet sich durch Prozesse der dionysischen Vermischung und Verschmelzung auf allen Ebenen sozialer Phänomene aus.[122]

Das Wesen dieser Figur ist durch Opposition geprägt, durch Zusammenprall. Denn in diesem Arrangement des Widersprüchlichen kommunizieren und agieren die postmodernen Stämme durch die Spannungen und Konflikte hindurch, mit einer Öffnung

---

[121] Maffesoli zitiert nach Keller 2006 a, S. 213

[122] Zum Prozess der dionysischen Vermischung vgl. Knörzel [Bearb.] 2012, S. 5 f: *„Dionysos durchbricht, über seinen Widerspruch, die Folgerichtigkeit des Eindeutigen. […] Dionysos liegt eine paradoxe Dualität, eine doppelte Natur inne. […] Es ist die Doppelseitigkeit des Keimens und Absterbens des Lebens und ein Wechsel zwischen Leben und Tod und letztlich ihre Einheit. Diese Gegebenheit enthüllt letztendlich das Geheimnis und die Sakralität der Verbindung von Leben und Tod und wird durch die Gegenwart des Gottes selbst bewirkt. Dionysos ist Spender des Reichtums. Die Toten und die Mächte des Jenseits beherrschen Fruchtbarkeit und Reichtum und verteilen sie. „Von den Toten", so heißt es in einer hippokratischen Abhandlung, „empfangen wir Nahrung, Wachstum und Keime". Als Gott des Todes und der Fruchtbarkeit wird der ambivalente dionysische Charakter bezeugt. Schon Heraklit sagt, dass »Hades und Dionysos … ein und dasselbe sind.« Dionysos ist der Verfolgte und dennoch Siegreiche."*

zum Anderen, Heterogenen, welcher zu einem »Polytheismus der Werte« führt, der Antagonismen »coiccidentia oppositorum« miteinschließt.[123] Es ist ein Tanz auf dem Vulkan. Die Bässe der Soundsystems gleichen Erosionen des Eros am Nullpunkt der Moderne – die Kluft ist nicht mehr zu überbrücken. Es ist Anrufung und Austreibung sogleich. Denn die Romantik des modernen Ichs erzeugte neben radikalen Identitätszuwachs auch Raubtiere, die diese Identität belauern. Diese muss nun im postmodernen Ich besänftigt oder rituell abgewehrt werden.

Der moderne Gesellschaftsmensch will von der hierarchischen, auf Absonderung bedachten Person nichts wissen. Das Charisma wird dort einverleibt. Beim postmodernen Stammesmensch kommt es nun zu Ausstoßungen und Absonderungen des gesellschaftlichen Körpers – es kommen Eigenarten ins Spiel, die willkürlich, im Spiel der Leidenschaften, an ihren Platz getrieben werden. Aber der Mensch muss sich nicht entwickeln, er muss zu sich finden. Das Einfache ist das Beschwerliche dabei. Im Sinne, dass jeder Stratege an seiner Strategie zugrunde geht, sind dabei die Augen des Kindes gefragt. Denn es geht um Rückführung statt um Entwicklung - das sind zwei entgegengesetzte Richtungen. Evolutionäre

---

[123] vgl. hierzu Keller 2006b, S. 119 f

Veränderung ist nicht dasselbe wie dionysische Metamorphose.[124]

Insofern ist Neotribalismus im Sinne des Neoevolutionismus mit Rückführung verwandter als der künstlich gesetzte Fortschrittsgedanke fernab jedes zirkulierenden Zeitprinzips, welches in der Moderne gesetzt wurde.[125] Denn Moderne ist Wachstum ohne Fruchtbarkeit. Es gleicht einem Spermienrinnsal ohne Chance das Bild jemals befruchten zu können. Dieser *„promethische[n] Kontrollwelt der Moderne"*[126] steht in ihrem liquiden, maskenhaften Charakter das neotribale, dionysische Nachtregime der Postmoderne gegenüber.

---

[124] vgl. hierzu Knörzel [Bearb.] 2012, S. 9: *„Mehr als die anderen griechischen Götter erstaunt Dionysos durch die Vielzahl und die Neuheit seiner Epiphanien (Erscheinungen), durch die Vielgestalt seiner Umwandlungen. Er ist sozusagen der Gott der Metharmophose. Dionysos ist immer in Bewegung, überall dringt er ein."* Dionysos wurde diesbezüglich in den Mythen oft als Kind, als Dionysos Zagreus dargestellt, als ein im Sinne einer Imitation sich wandelnder Gott, als Maskenträger. Vgl. hierzu das Kapitel Zagreus. In: Kerenyi 1976, S. 78- 85

[125] vgl. hierzu Hölzel 2006, S. 56: *„Michael Serres (1987) schlägt vor, dass die Zeit, wie es vor der cartesianischen Spaltung der Fall war, getauscht werden sollte. Die Kalenderzeit schwebt, als abstraktes Modell, über der Zeitlichkeit und daher gleicht unser Leben einem Fristablauf. […] Es kommt zu einer Anhäufung des Seins."*

[126] Keller 2006b: S. 82

Es ist ein Ausbruch aus einer bestehenden Ordnung, der es ermöglicht den Zeitrucksack eines angestauten Daseins – ohne jegliche Bezüge zum inneren Selbst stehend, abzustellen.[127] Es sind befreiende Elemente eines Hier und Jetzt, welche nun herausfließen und als Werdendes das Gewordene erneuern und aus ihren Angeln heben. Man wird Teilnehmer an den Pforten der Wahrnehmung und nicht Planer und Inanspruchnehmer einer Zeit, in der das Gewordene das Werdende soweit erdrückt, dass die Keimlinge einer unvorbereiteten Existenz sich nicht entfalten können. Die moderne Hybris führt zu einem Raubbau in der Zeit, über die sich die Zeitachse, auf künstlichen Gleisen, in ein Nirgendwo verschiebt.

Neotribale Versammlungspunkte, wie die des Freetekno, durchbrechen nun diese Zeitlogik, indem sie über ihre kollektive Erregung, als Träger eines Ge-

---

[127] vgl. hierzu Maffesoli 1986, S. 107: *„Während jede Ordnung immer auf das Fantasma des Einen abhebt, auf eine Einwertigkeit oder einen dominanten Pol verpflichten will, verweist der Einbruch der Unordnung immer auf den Unterbau, auf das Vieldimensionale und die Pluralität der Werte. […] Zugleich aber ist das Aufblitzen der Unordnung etwas eminent Fruchtbares, denn sie stellt der abstrakten Einwertigkeit eine gewachsene, funktionell konkrete Architektur und Hierarchie entgegen. Das Ritual ist hierfür der klarste Beleg."*

meingeistes, aus einer Unproduktivität der planlo-
sen Verausgabung, Zeit freisetzten, um in diese einzutauchen.

Die Zirkulation der Individuen zwischen den
Stämmen folgt einer zentripetalen und zentrifugalen
Logik einer Mischung aus beständiger Anbindung
und Freilassung. Daher wirken die Vergemeinschaf-
tungen instabil, sie bestehen nicht notwendig aus
denselben Personen, sondern im Kommen und Gehen der verschiedenen Maskenträger. Gleichzeitig
sind die Individuen nicht die rationalen Organisatio-
nen ihrer Existenz, sondern ständig Reagierende, die
von zufälligen Begegnungen zu zufälligen Begegnungen getrieben werden.[128]

---

[128] vgl. hierzu Keller 2006b, S. 119

I.4. Imaginäre Spielwiesen:

»Jongleure zwischen „Eksistenz" und Exitus«

Die *„korrespondierende"* Form, die die Gestalt der Postmoderne zum Neo-Tribalismus zeichnet, ist die des postmodernen Nomadentums.[129] Der Nomade als Archetypus des umherirrenden postmodernen Vagabunden, als ruheloser Wanderer zwischen den Stammes-Welten *„impliziert den temporären Charakter, die Flüchtigkeit der dionysischen Aggregationen, den beständigen Wechsel zwischen Zugehörigkeiten."*[130]

Neo-Tribes, als Kristallisationspunkte aus den Massen, geben dem Menschen auch eine emotionale Verwurzelung, Gefühle wie Geborgenheit, Sicherheit, Vertrautheit. Im post-industriellen Zeitalter leben Menschen, welche die idealtypische Größe einer Gemeinschaft, als kognitive Grenze, weit überschreiten. Der Anthropologe Dunbar hat diese auf 150 begrenzt.[131] Ohne diesen Richtwert weiter vertiefen zu wollen, ist es ein breiter Konsens, dass die Moderne

---

[129] vgl. hierzu Keller 2006a, S. 259
[130] Keller 2006b, S. 120
[131] Dunbar, 1993, S. 681

einen „*Aufstand der Massen*" hervorgerufen hat, welche Individuen zu anonymen Chiffren verkommen lassen.[132]

Man könnte sagen, Neo-Tribes sind Sehnsuchtsorte einer emotionalen Niederlassung, in der der Stammesangehörige zwar nicht beheimatet ist[133], indem er aber, um im Bild des Nomaden zu bleiben, sein Zelt aufschlagen kann, Unterschlupf findet, bevor er weiterzieht. Keller verweist auf die »Simmelsche Figur des Fremden«, „in Zeiten der gesteigerten Zahl sozialer Kreise":

„*Dies ist keineswegs das sich entwickelnde zunehmend zur Reife gelangende Subjekt des bürgerlichen Bildungsromanes, auch nicht das zum wahren Selbst sich verwirklichende souveräne Subjekt der (Selbst-) Aufklärung und der Gegenkulturen der 1960er-Jahre. Vielmehr folgt ein solches dahintreibendes Individuum einer Exploration der*

---

[132] vgl. hierzu Gasset 1960, S. 8„*Die Menge ist auf einmal sichtbar geworden und nimmt die besten Plätze der Gesellschaft ein. Früher blieb sie, wenn sie vorhanden war, unbemerkt, sie stand im Hintergrund der sozialen Szene. Jetzt hat sich die Rampe vorgeschoben, sie ist Hauptperson geworden.*"

[133] vgl. hierzu Kluge 1999, S. 365: „*Heimat (<11. Jh.) ahd. heimōti. Die Bedeutung ist ungefähr Stammsitz.*" In diesem ursprünglichen Sinne bedeutete »*heimōti*«, zum Heim gehörig - im Sinne eines Zuhauseseins - etwas geographisch Beschreibendes, im Sinne einer Antwort auf die Frage „*Woher kommst Du?*".

*pluralistischen Möglichkeiten, die sich – in ihren Licht-
und Schattenseiten – in ihm verbergen.*"[134]

Über die nomadische Existenz, welche kein direktes Ziel verfolgt, vielmehr als *„»Fremder unter Fremden«"* diese Grundkonditionierung nur *„für die Momente des identifikatorischen Maskenspiels verlässt"*[135], gleicht die Suche nach Abenteuer, einem Prozess der Individuation in einer *„Einheitlichkeit des Gegensätzlichen"*, fernab einer *„Eindeutigkeit der Identitätsbildung"*.[136] Es sind eher Splitter eines bruchstückhaften Nebeneinanders, welche den Fundus einer identifikatorischen Selbstwahrnehmung bilden.

Diese Existenzform des Willkürlichen, fernab eines einheitlichen Lebensplans, im Sinne einer Stufenleiter, die zu erklimmen ist, entspricht der Existenzweise des heideggerschen *»Ek-sistierens«*[137], als ein Hinaustreten in das Nicht-Wirkliche, im Sinne des Möglichen. Die Existenz wird damit ekstatisch begriffen, denn es ist ein Aus-sich-Heraustreten. Um

---

[134] Keller 2006b, S. 122

[135] Keller 2006a, S. 217

[136] vgl. Keller 2006b, S. 122

[137] vgl. zur näheren philosophischen, anthropologischen und theologischen Eingrenzung der heideggerschen *»Eksistenz«*: Heidegger 2006, Krüger, S. 154 f, sowie Schulz, 1953/54: S. 90 f

Möglichkeiten nachzugehen, muss die eigene Haustüre einer inneren Komfortzone verlassen werden. Mit Ernst Bloch könnt man dazu noch hinzufügen, es geht darum der *„möbelierten Verzweiflung des häuslichen Sonntags des Kleinbürgers"* zu entfliehen[138] – damit dem Primat des Zweckhaften und Profanen zu entgehen, um die Zeit zu erneuern und einzutauschen.

Es entspricht nicht einer Haltung, seine Existenz auf einem *»guten Kompost«* (Wolfgang Döbereiner) seiner eingerichteten Lebensumstände gedeihen zu lassen, sondern *»Ek-sistieren«* entspricht einem dauerhaften Nicht-bei Sich sein, einem ruhelosen Wandel. Die Moderne hinterlässt uns eine gebrochene Identität, als *»Bündelung loser Knochenelemente«* (Camille Paglia), die im Zeitalter der Postmodernität, über den Kit einer willkürlichen Sozialität, sich neu formiert, wiedervereinigt. Die Neuformierung entsteht im augenblicklichen Bestreiten des Möglichen, Träger ist die unmittelbare Gegenwart.

---

[138] Bloch 1977, S. 274

Wie kommt es nun ausgehend von der Bedeutung des Wortes »*ex(sistere)*«[139] als *„Heraustreten"* zu Bedeutung von *„Vorhandensein"*, als etwas bereits Eingestelltes?

In der Scholastik des Mittelalters stellte man sich das wirklich Vorhandene als etwas vor, das aus dem Nichts in die Wirklichkeit hervorgetreten ist. Das wirklich Vorhandene ist aus der Unwirklichkeit - dem Bereich des Nur-Möglichen - in die Wirklichkeit, in die Existenz getreten, es ist existent geworden.[140] Heidegger verwendet den Begriff Existenz genau umgekehrt.

Wir können in einer ersten Annäherung sagen: Existenz im Sinne Heideggers bedeutet Hinaustreten in das Nicht-Wirkliche, also Imaginären. Das Nicht-Wirkliche wird somit zu einem Möglichen, einem Hinaustreten verschiedener Möglichkeiten, einem Aus-sich-Heraustreten.

---

[139] Kluge 1999, S. 239: exsistieren (<18. Jh.). Entlehnt aus l. *ex(s)istere*, eigentlich ‚herauskommen, zum Vorschein kommen', zu l. *sistere*, ‚stellen, einstellen'

[140] vgl. hierzu Heidegger 2006, S. 60: *„Das Wort »Existenz« wird dabei nach »Sein und Zeit« ekstatisch und damit wesentlich anders begriffen als in der scholastischen Erklärung der ex-sistentia. Gemeint ist nicht das Herausgesetztsein eines beliebigen Wirklichen aus der vormaligen Unwirklichkeit (dem Nichts) in seine Wirklichkeit".*

Diese imaginären Spielwiesen eröffnen Handlungsoptionen eines Ausagierens, indem Stammesangehörige als Jongleure zwischen Existenz (»Herauskommen«) und Exitus (»Herausgehen« [141]), eine Gratwanderung eines Umherirrenden, Ruhelosen, Wanderhirten vollziehen, die im Ausagieren dieser Spielwiesen mit anderen, provisorische Herbergen einer Unterkunft finden, bevor sie wieder weiterziehen.

---

[141] vgl. Kluge 1999, S. 239: Exitus: Ausgang = ‚Tod' (<19. Jh.) Entlehnt aus l. exitus, eigentlich »Herausgehen, Ausgang«"

I.5. Auf den Ruinen tanzen

»Er legte sich ins Bett, um sich selbst zu gebären«
Carmen Paglia, Die Masken der Sexualität

Die neotribalen Prozesse sind auch in der Szene der elektronischen Tanzmusik herauszulesen. Die kollektiven Geschmacks- und Stilempfindungen hinsichtlich einer musikalischen und stilistischen Fluidität sind symptomatisch für eine postmoderne Welt von Fragmenten, in dem die willkürliche Inzidenz von Signifikanten als gegeben angesehen wird.[142]
Eine wichtige Entwicklung hinsichtlich dieser fragmentarischen Identität von einzelnen sich ständig verändernden Puzzlesteinen, im Sinne eines Baukastenprinzips, ist das *»Sampling«, „which allows for sound sources to be stored electronically in a computer memory."*[143] Über das in der elektronischen Tanzmusik verwendete Sampling können Klänge und Geräusche aus ihren ursprünglichen Kontext herausgelöst werden und, im Sinne eines Stilbruchs, in ein fremdes Territorium verfrachtet werden.

Man könnte sagen, musikalische Identitäten werden als Entsprechung kultureller Identitäten aus

---

[142] vgl. hierzu Bennett, S. 609 f
[143] Bennett 1999, S. 609

dem Kontext ausgebettet, sie werden aufgebrochen und der Raver betritt eine »*technologische Traumlandschaft von rekonstituiertem Klang*«.[144] Dieses Eintauchen in technologische Traumlandschaften entspricht der „*freigesetzte[n] Kraft des Imaginären [als] Quell vitalistischer Energien, eines* »*organischen Widerstandes*«*, einer Art* »*sozialer Koenesthesie*« *, welche die [neotribale] Gesellschaft zusammenhalten, integrieren.*"[145] Neue Formen des »*Eksistierens*« im Sinne Heideggers Hinaustreten in das Nicht-Wirkliche werden zu einem sozio-kulturellen Motor, welcher neue vitalistische Energien und Kraftquellen anzapfen kann.

Dieses neue reproduzierbare Soundbewusstsein, als Widerhall verschiedener längst verflossener Wirklichkeiten, als Spiel der Identitäten, ist ganz gut aus Andy Bennett, ethnografischen Interviews von „*dance-music enthusiasts*"[146] aus der elektronischen Szene herauszulesen:

„*MIKE: There's this club night thing once a week in Glasgow where they have some really good music on, it's more like a kind of acid house kind of thing. I've been there a couple of times. I was up there the other week and they dropped Bob Marley's 'Exodus' in the middle of this fast*

---

[144] vgl. hierzu Melechi 1993, S. 34
[145] Keller 2006a, S. 212; Zusatz: C. H.
[146] Bennett 1999, S. 610

rave thing . . . it was like 'boom' [stamps foot to indicate a
change in music's tempo and sings 'Exodus'] and every-
body went 'whoa' … and it lasts for a couple of seconds
and then the other stuff blasts right back in again. And it's
like 'great, what's happening next?'"[147]

Über die Wiedererinnerungsspuren bzw. aus dem
Kontext herausgehobenen »*Soundscapes*« werden ursprüngliche Identitäten einer klaren Zuordnung auf
dem Kopf gestellt, was zum einen zu einem komplett
neuen Bewusstsein und Empfinden des Hörers bzw.
Tänzers führt.

„JOHN: Yeah, such as they'll be playing something
quite hard and then they'll put something like Michael
Jackson in . . . you know what I mean . . . and it's not like
people think 'Oh no', you know, 'Michael Jackson', and
clear the dance floor . . . it's just like 'Oh yeah, I recognise
that, it's Michael Jackson'."[148]

Geschichte wird nun neu geschrieben, indem sie
auf utopische Bahnen, fern jener realen, historischen
Zuordnung – Musik als Abbild einer Kultur, im
Sinne eines historischen, gewachsenen Lebens – in
eine Fiktion des Noch-nicht dagewesenen verlagert
wird. Bennet spricht von *„fluid sensiblities"*, über die

---

[147] Bennett 1999, S. 610
[148] Bennett 1999, S. 610

die Anziehungskraft der Musik im Kontext der Anlässe fixiert wird und die neue utopische Identität auf kollektive Weise gefeiert wird.[149]

Redhead schildert in seinem Werk »*Rave Off*«, wie sich das Sampling von Tonfolgen auch im Sampling von Identitäten kontextlos repräsentiert und die im subkulturellen Ansatz gegebene Entsprechung von Style und Musikgeschmack durchbrochen wird, indem es zu einer Anziehung von *„previously opposed subcultures from football hooligans to New Age hippies"*[150] kommt. In der Raveszene werden Subkulturidentitäten aus den ehemals verschiedenen Lagern quergekreuzt was den fluiden, neotribalen Charakter jenseits der harten Übergänge bezeugt: es herrscht eine Sowohl-als-auch als Paradigma einer imaginären Neuversammlung, fernab eines Bodens der Tatsachen: die Identität gleicht einer Garderobe verschiedener Dresscodes, ganz im Sinne Feyerabends Slogan »*anything goes*«.[151]

Elektronische Tanzmusikkultur wie die des Freetekno wird oft als a-politisch aufgefasst, nur weil ihnen scheinbar eine Agenda für sozialen Wandel

---

[149] vgl. hierzu Bennett 1999, S. 612

[150] Redhead 1993, S. 4

[151] vgl. zur nähern Erläuterung dieses Slogans Feyerabends Werk »*Against method*« von 1975

fehlt. Sie wird oft als reine Flucht vor der Realität oder als reine Unterhaltung missverstanden und disqualifiziert.[152] Wenn man aber die »*Banalität des Alltäglichen*« als Chiffre des sozio-kulturellen Daseins registriert, öffnet es Fenster einer alternativen Möglichkeit der orientierenden politischen Teilhabe als »Alltagspolitik«, „*that is conceptualized through the lenses of sociality, hedonism and sovereignty over one's own existence*".[153]

Neo-Stämme, wie die des Freetekno, können insofern als politisch betrachtet werden, indem sie eine eigene Ästhetik des Lebens kreieren und darüber Momente und situative Erlebnisse erschaffen, die zum einen Räume erzeugen diese Wertvorstellungen herauszuleben – im Sinne eines Vergänglich-machens und In-die-Zeit-bringens – und zum anderen

---

[152] vgl. hierzu Riley 2010, S. 346: „*Electronic dance music culture (also known as raving, clubbing, partying) is such an example, with analysts dis- missing its political potential by constructing it as 'merely' entertainment, escapism or associated with personal development.*" Vgl. hierzu auch Wilson 2006: in »*Fight, flight or chill : Subcultures, Youth and Rave into the Twenty-first Century*« untersucht Wilson, wie Raver-Jugendliche Beschränkungen kreativ und provokativ, als stilistische und symbolische Ausdrucksform des Widerstandes gegenüber den massenvermittelten westlichen Kulturen, ausdrücken und darstellen.

[153] vgl. hierzu Riley 2010, S. 346

eine temporäre Hoheit über ihre eigene Existenz - in der Zone des Augenblicklichen - erstellen.[154]

Durch eine Souveränität über ihre eigene Existenz – als »*élan vital*« – können sie, in Anlehnung an Maffesoli, den Institutionen und offiziellen Registraturen der Machtapparate entkommen. Es ist ganz im Sinne von Foucaults dynamischen Machtbegriff: *„Ausübung von* Macht *ist eine Form handelnder Einwirkung auf andere".* [155] Diese »*handelnde Einwirkung*« kann in seiner Wirksamkeit auch auf eine Alltagsebene fern der offiziellen Welt der bürokratischen Institutionalisierung verlagert werden. Insofern bildet Freetekno, in Richtung einer gedachten bibliographischen Zuordnung, die »*graue Literatur*« einer Jugendbewegung, der die Etikettierung fehlt. Denn das Produkt geht unter der Hand weg, kann sozusagen nur über zwielichtige Gestalten erworben werden, die es einem unter dem Ladentisch – fern der Wege des Offiziellen – heimlich zustecken.

Die Schlüsselkonzepte der neotribalen Theorie von Solidarität und Zugehörigkeit *(„solidary and belonging")* gemäß einer Politik des Alltäglichen, lassen sich dementsprechend in der Freeteknoszene erläu-

---

[154] vgl. hierzu Riley 2010, S. 358
[155] Foucault 2005, S. 286

tern – auch wenn diese immer nur in den Schnittstellen eines vorübergehenden situativen Erlebnisses, Gefühle von Geborgenheit und Wärme vermitteln. Diese offene Zugehörigkeit bestätigt auch ein Free Party Teilnehmer: *„It's nice to have a sense of belonging isn't it? There's pleasure in being part of a group. There's no cliqueyness, everyone's welcome and anything's welcome, so then, you know, it's really nice because it's like a sense of warmth."*[156]

Es zeigt den pulsierenden Drang sich in einer Welt der *„fragmentierte[n] Daseinsinhalte"*[157] verbunden zu fühlen, im Sinne eines Identifizieren-könnens, fernab des üblichen »*cui bono*«, wie auch folgende Aussage eines Free Party-Teilnehmers widerspiegelt:

„It is that community that sense of belonging. [...] You've got nothing to live up to you know you can be. Whoever you want to be you can be a 100% yourself and nobody judges you for it whereas in everyday life you do you know if you're a little bit different from somebody else you're you're odd you know go away [clears throat] but you don't get that you don't get that in the scene."[158]

---

[156] Lulu (Free party) in Riley 2010, S. 355
[157] Simmel 2001, S. 506; Zusätze C. H.)
[158] Michael (Free party) in Riley 2010, S. 355

Den dionysisch-origiastischen, hedonistischen Anteil von Maffesolis Konzept einer neotribalen Vereinigung, als ein Feiern um des Feiern Willens, lässt sich auch aus folgender Bemerkung eines Freeteknoteilehmers gut herauslesen: *„It's more of like a celebration thing (.) It's more of a kind've hey we're alive we're together we're having a party (.) there's nothing deep in this (.) this is a good time."*[159] Dieser Impuls des Informanten Steve, spiegelt auch eine *„sovereignty over one's own existence"*[160] wider, als einen zentrales Merkmal von Alltagspolitik.

Eine gewisse Tragik, ganz im griechischen Sinne, besteht darin, dass die Form des Widerstandes im Prozess selbst verbraucht wird ohne einen sozialen Wandel anzustreben – im Sinne eines »Potlatch« werden die Güter zerstört bzw. in einer Haltung des Verschwenderischen über Bord geworfen. Man könnte auch von einer Flucht, von einem Ausklinken in transzendente Möglichkeiten außerhalb der realen Zwänge sprechen, da die Realität selbst zu zwingend ist und Veränderung nur noch außerhalb ihrer als möglich erscheint.

---

[159] Steve (Free party) in Riley 2010, S. 355
[160] Riley 2010, S. 356

Die eigentliche Macht der Neostämme, wie die des Freetekno fußt darin, sich von Leitungsgremien fernzuhalten – es kommt zu einer Verlagerung von modernistischen, rationalen Instituten zu emotionalen Proxemen[161], ganz nach dem Vorbild eines segmentären Gesellschaftstypus fernab von Zentralinstanzen, so dass Gruppen nur noch schwer identifizierbar und regulierbar werden, ganz im Stile von: *»man nimmt teil und zieht sich dann zurück«*[162], was den Underground-Charakter der Szene widerspiegelt.

Auch das Gründungsmitglied des Soundsystem Spiral Tribe Mark Harrison betont in einem Interview die Voraussetzung des Undergrounds, jenseits der kommerziellen Ausschlachtung, um Erlebnisse zu generieren. *„But if you really wanted to experience (feel the vibe!) the music as it was intended – at body pumping volume from stacks of black bass bins – then you'd have to go underground and immerse yourself in the outlawed party scene."*[163]

---

[161] vgl. bezüglich der Proxemik, als einer *»Dynamik räumlicher Interaktion«* und dem unterschiedlichen Verständnis von Nähe und Distanz Hall 1990: *»The hidden dimension«*, sowie Schmidt 2013: *»Warum Männer nicht nebeneinander pinkeln wollen und andere Rätsel der räumlichen Psychologie«*, indem den nonverbalen Triebfedern und Verhaltensmustern von Personen im räumlichen Agieren nachgegangen wird.

[162] Vgl. hierzu Maffesoli 1996, S. 49

[163] Harrison in Transpontine @b

Die »*meeting points*« der Bewegung waren dezentral organisiert in Form von Flyer, Flüsterpropaganda und Telefonhotlines[164]. Soundsystems bilden die Verbindungspunkte dieser nomadenhaften Bewegung, welche nicht fest verortet ist. Die Soundsystem-Culture der Freeparty Rave-Szene war stark von der Jamaikanischen Soundsystem-Culture beeinflusst:

„*As a »symptom of contemporary society« (Hein 2011) UK rave culture formed in what ist argued to be »very special polititcal and social circumstances; mainly those borne out of a dissapppointment with Thatcher's politics«. The birth of Jamaican soundsystem culture also was evoked by a similar outlook of »disenfranchised young black Jamaicans who grew up in the similar outlook of »disenfranchised young black Jamaicans who grew up in the most disadvantaged parts of Kingstom« (Campbell,*

---

[164] vgl. Saunders, 1994, S. 24: „*Kurz darauf kamen in Großbritannien große Rave-Partys im Freien und in alten, leerstehenden Lagerhäusern auf. […] Die Tickets wurden im Voraus verkauft, ohne Adresse, aber mit einer Telefonnummer, unter der in der Veranstaltungsnacht nähere Angaben über den Treffpunkt, wie etwa die Autobahnstelle, zu erlangen waren. Wenn genügend Leute den Treffpunkt erreicht hatten – mit bis zu tausend Autos, zu viele, um von der Polizei gestoppt zu werden – fuhr der Konvoi zum eigentlichen Veranstaltungsort...*"; vgl. hierzu auch Meyer, 1998, S.99: „*Ihre Bedeutung resultiert zunächst aus der insbesondere in Großbritannien gegebenen Notwendigkeit der konspirativen Organisation illegaler Raves.*"

2013) who used soundsystem culture to »articulate coun-
ter hegemonic views and aspirations« (Dawson 2010)."[165]

---

[165] McCaffrey, 2014/2015, S. 22, vgl. hierzu auch Murray 2001, S. 94: "Techno music is delivered through sound systems, consisting of a loose network of artists and musicians [...] The sound system is essential to the development of DiY [Doing it yourself] culture. It provides the economic, social and cultural unit so vital to the political and cultural activities it inspires."

1.6. Technostämme:

»When freedom is outlawed, only outlaws are free«[166]

Um mit Hartmut Rosas Worten zu sprechen, kann sich das Subjekt in eine Welt *»geworfen«* fühlen oder es kann *»getragen«* werden. Das Empfinden eines Getragenseins setzt eine responsive Welt voraus *„wo sie mit uns gleichsam »organisch« verbunden scheint, wo »Ich« und »Welt« als in einer positiven Austauschbeziehung stehend erfahren werden."*[167] Es setzt eine Weltbeziehung als wechselseitiges entgegenkommen voraus, in der die Sinnstiftung ein Verbundensein mit der Welt bedeutet. Das moderne Subjekt hat im Zeitalter des Auftauchens von Technostämmen keine Resonanzbeziehung mehr zu dieser Welt in der es mitschwingen kann.[168] Die Welt wird vielmehr als *»repulsiv«*, schneidend erfahren, denn *„sie scheint [...]*

---

[166] Dieses Diktum, welches auf einem Flugblatt des Stormcore Labels des Soundsystems Spiral Tribe zu finden ist, fängt die Stimmung der neotribalen Outlaws prägnant ein. Vgl. hierzu: St. John 2009, S. 106

[167] Rosa 2009, S. 34

[168] vgl. Rosa 2016: den Begriff der Resonanz sieht Rosa hierbei als Gegenbegriff zur Entfremdung. Resonanzerfahrungen bilden sozusagen eine mögliche Ausgangstüre aus dem Gefängnis der Moderne.

aus kalten, starren, harten Oberflächen zu bestehen, die dem Subjekt gleichgültig oder ablehnend entgegentreten."[169] Die Moderne wird so zu einer Kultur der seelischen Platzhalter und sie impliziert eine Kultur des Abhandengekommenen. Die Bewegung des Freetekno möchte diese Platzhalter ausfüllen. Das Phänomen der Freeteknobewegung ist, wie bereits erwähnt, als Antwort auf die Sinnentleerung der urbanen Krise in der Thatcher/Reagen-Ära zu verstehen.

„*In the U.K., free parties grew out of the rave explosion of 1989, when crowds of up to twenty-five thousand people would gather in the English countryside for illegal all-night events fueled by MDMA and techno music. Although the primary impetus was hedonism, it developed into an exhilarating wave of mass civil disobedience in which Britain's young briefly united and partied in defiance of the conservative government, which throughout the 1980s had thrived on divide and rule.*"[170]

"*Wir brauchen solche Treffen, um das Vertrauen wieder aufzubauen, das uns in der Kindheit genommen wurde...*"

---

[169] Rosa 2009, S. 34
[170] Sheryl 2016, S. 102

So ließe sich die kausale Ursache dieses »*gathering of the tribes*« in wenigen Worten zusammenfassen.[171]

„Die tribale Metapher für temporäre Gemeinschaftsformen beschreibt eher ein Mindset, indem ein Lebensstil zum Ausdruck gebracht wird. Das Verständnis von Tribe bzw. Stamm ist relativ weit gefächert und bewusst im Vorfeld nicht fest definiert. [...] Vertreten sind unter anderem Leute von Rainbow-Gathering, Burning Man und Earthdance, Angehörige der Farm-Kommune und anderer Eco-Village-Projekte, Mitglieder von Reclaim the Streets, Free our Forests, Multidisciplinary Association for Psychedelic Studies, Subversive Sounds, Moontribe, Alice-Project und Dream Theatre. [...] Das verbindende Element liegt neben der durchgängig idealistischen Ausrichtung zum einem im Bezug zum Dance Movement, also zur Techno-Kultur in unterschiedlichen Ausformungen.“[172]

Technostämme ließen sich, um mit Foucault zu sprechen, auch als Heterotopien deklarieren, da sie Orte darstellen, welche in die *„Gesellschaft hineingezeichnet sind, sozusagen Gegenplatzierungen oder Widerlager, tatsächlich realisierte Utopien“*[173] darstellen.

---

[171] vgl. hierzu Sterneck »Gathering of the tribes« @, vgl. hierzu auch die diesbezügliche panel discussion von "Party and Politics" in "Gathering of the Tribes" in Frankfurt am Main am 7. April 2007 u.a. mit dem Gründer der Loveparade Dr. Motte

[172] Sterneck »Gathering of the tribes« @

[173] Foucault 1993, S. 39

Sterneck bezeichnet diese »*Cypertribes*«[174], ebenso als *„ferne Utopie und gelebte Praxis"*[175] zugleich.

Sowie extreme Heterotopien Illusionsraum und Kompensationsraum an den Rändern der Gesellschaft darstellen und *„gewissermaßen Orte außerhalb aller Orte [sind], wiewohl sie tatsächlich geortet werden können"*[176], ist ein Cypertribe ein *„Fantasiegebilde und dennoch [...] konkrete Realität [und ist] überall und nirgends zu Hause."*[177]

Technostämme sind, ganz in einem Sein zwischen den Welten, Heterotopien, da diese *„ihr volles Funktionieren [erreichen], wenn die Menschen mit ihrer herkömmlichen Zeit brechen."* [178] Dieses »*betwixt and*

---

[174] vgl. hierzu Sterneck 2011, S.57: *„The cybertribe vision neither stands for a determinded principle of organisation, nor for dogmatic ideologies. And even the projects don't have to call themselves cybertribe to realise certain elements of their vision. It ist more about tribes in the sense of gatherings, projects and communities, using contemporary technologies for interaction, symbolised and summarised in the „cyper" concept. These post-modern tribes, in all their different focuses, set flexible networks, based on self-determination and equality, against the predominant authoritarian structures."*

[175]Sterneck, 1996b, S. 9

[176] Foucault 1993, S. 39; Zusatz: C. H.

[177]Sterneck, 1996b, S. 9; Zusatz: C. H.

[178] Foucault 1993, S. 43; Zusatz: C. H.

between«[179] wird erreicht im Exzess[180] des Augenblicks ganz im Sinne der »*Herrschaft des Bohnenkönigs*«.[181]

Für Sterneck bildet der Cybertribe keine Zugehörigkeit im eigentlichen Sinne, ähnlich wie Maffesolis Definition der Zugehörigkeit von Neotribes. Für ihn sind nicht mal die damit verbundenen Ideen, Begrifflichkeiten von Belang – man ist einfach dabei und entfernt sich wieder, im Sinne einer zufälligen Wegkreuzung welcher man begegnet. *„Es ist nicht möglich und auch gar nicht notwendig ihm in irgendeiner Weise formal beizutreten."*[182]

Neben diesen eher gesellschaftsbezogenen Aspekten eines gemeinschaftlichen situativen Erlebens, bezeichnet der Terminus »*Tribal*« auch einen ästheti-

---

[179] vgl. Turner 1964 zur Schwellenphase des »*betwixt and between*«

[180] Zur Wortherkunft von Exzess im Sinne eines aus sich heraustretens vgl. Kluge 1999, S. 242: (< 16. Jh.): *„vom lateinischen Verb »excedere« und bedeutet herausgehen, heraustreten."* - Das Begegnende wird zum Eintretenden

[181] vgl. hierzu Frazer 1913, S. 339 ff: Frazer beschreibt ausführlich die Zustände der Festlichkeit während des Karnevals, als eine Umkehr der gewöhnlichen Ordnungen durch Narrenbischöffe, sowie einem Heraustreten aus diesen Ordnungen durch Einsetzen von Narren anstelle der Herrscher – es ist die Zeit der »*Herrschaft des Bohnenkönigs*«.

[182] Sterneck, 1996b, S. 9

schen, performativen Faktor bezüglich des körperlichen Ausdrucks einer Event-Inszenierung. *„It should also be noted that the „tribal" denoted is a hyper-corporeal experience related to playful body-experimentation."*[183] So kommt es zu kreativen Modifikationen und Stilabwandlungen von Piercings, Tattoos zu einem sexuell provozierenden Stil bis hin zu wilden, ekstatischen Tanzgesten. Dieses körperliche Experimentieren und zur Schau stellen ist hierbei für die ich-bezogene Identität als auch für die Identifikation mit anderen integraler Bestandteil.

Das spielerisch-utopische und voyeuristische Ausstellen des eigenen Selbst führt zu stilhaften Querkreuzungen aus ursprünglich getrennten Stillagern, so dass der lolitahafte, preödipale Charakter beispielsweise mit Stilelementen des Punks oder eines Dreadlocks vermengt werden, um eine Existenz in der Schräge bzw. in einem utopischen Niemandsland fernab aller Herleitungen aufzuzeigen. *„Raves (et al.) also license childlike and in sometimes deliberately ambiguous scenarios (e.g.) a dreadlocked woman in hotpants sucking Chuba Cupps and wearing a Kermit the Frog back-pack)."*[184]

---

[183] vgl. hierzu St. John 2009, S. 100
[184] vgl. hierzu St. John 2009, S. 101

Das postmoderne Nomadentum der Technostämme bildet gleichzeitig eine Insel der Geborgenheit und einer seelischen Vertrautheit, welche auch eine emotionale Verwurzelung mit sich bringt, auch wenn die Verwurzelung im Sinne des Poststrukuralismus eher als rhizomatisch aufzufassen ist, somit jederzeit gebrochen werden kann und als ein *„vielwurzeliges"*[185] Gebilde zu bezeichnen ist.

Der Drang nach Resonanz, um eine Verbindung ein inneres Vibrieren zum Anderen in uns herzustellen, ist kosmopolitsch, allgegenwärtig und definiert das Menschsein ad hoc, über allen kulturellen Ausprägungen, die natürlich differenziert betrachtet werden müssen. Denn wie Latour diesbezüglich bemerkt: *„Die Ablehnung der Unsichtbaren gebiert Ungeheuer."*[186] Das heißt, es geht darum: *„Die Wesen der Metamorphose wiederher[zu]stellen"*[187], denn: *„erstaunliche Sache, es ist der Exzess an Logik, der es [das Regime] wahnsinnig gemacht hat."*[188]

Shell erwähnt bezüglich der Teknivals, dass es nichts neues sei in den Naturgewalten zu tanzen, da seit Jahrhunderten verschieden geprägte Kulturen

---

[185] Deleuze 1977, S. 16
[186] Latour, 2018, S. 486
[187] Latour, 2018, S. 265; Zusatz: C. H.
[188] Latour 2018, S. 440; Zusatz: C. H.

rund um den Globus auf rituelle oder feierliche Weise draußen tanzen. *„Just think of the traditional corroboree associated with Aboriginal culture, Spanish festivals where flamenco is danced, or African tribes dancing to the sound of a primal drum beat."*[189]

Diese rituelle exzessive Verbundenheit drückt schon Durhkeim aus. Wie er angibt haben indigene Kulturen sich schon immer als kosmologische Glaubenssysteme verstanden, welche sich in Verbindung mit dem Universum sehen. Diese rituelle Verbindung zum natürlichen Lebensraum ist auch den Outdoor Partys inhärent.[190]

Inwieweit sich diese rituelle exzessive Verbundenheit von Durkheims Schilderung der Corrobori-Feste der Aborigines in ein Hier und Jetzt transportieren

---

[189] Shell 1998. Zur Wortherkunft von »Teknival«, als Begrifflichkeit für eine Freeteknoparty vgl. Spiral Tribe-Mitglied Harrison in Transpontine @b: *„The unifying ethos of Spiral resonated with people from all over the continent. Spiral's Debbie Griffith coined the word Teknival and the idea spread like wild fire. Soon we were joined by other multi-national groups who had built their own rigs, shaved their heads and got on the road. Those early Teknivals were fantastic collaborative events – everyone sharing their equipment, their skills, their music."*

[190] vgl. hierzu Shell 1998. Anstelle des Begriffs »indigen« könnte auch die Bezeichnung »vormodern« gewählt werden, um den Sachverhalt wiederzugeben. Vgl. zur näheren Erörterung des Begriffs „Vormoderne", um eine Unterscheidbarkeit zum Begriff „Moderne" zu treffen: Hölzel 2006; vgl. hierzu auch Latour 2002b

lässt, zeigt folgende Schilderung, welche durchaus eine real-utopische Spiegelung der Freeteknotanzekstase wiedergäben könnte.

„Die Zerstreuung, in der die Gesellschaft lebt, macht das Leben vollends gleichförmig, schleppend und farblos. Aber wenn ein corrobbori [Hervorgehoben i. O.] stattfindet, dann ist alles anders. [...] Sind die Individuen einmal versammelt, so entlädt sich auf Grund dieses Tatbstands eine Art Elektrizität, die sie rasch in einen Zustand außerordentlicher Erregung versetzt. Jedes ausgedrückte Gefühl hallt ohne Widerstand in dem Bewusstsein eines jeden wider, das den äußeren Eindrücken weit geöffnet ist. Jedes Bewusstsein findet sein Echo in den anderen. Der erste Anstoß vergrößert sich auf solche Weise immer mehr, wie eine Lawine anwächst, je weiter sie läuft. Und da diese starken und entfesselten Leidenschaften nach außen drängen, ergeben sich allenthalben nur heftige Gesten, Schreie, wahrhaftes Heulen, ohrenbetäubendes Lärmen jeder Art, was wiederum dazu beiträgt, den Zustand zu verstärken, den sie ausdrücken."[191]

Keller bezeichnet diese exzessive Tanzanbetung als *„Totemismus ausgedrückte[r] Leidenschaften"*[192] In einem Manifest drückt das Soundsystem Spiral Tribe

---

[191] Durkheim 1984, S. 296 f
[192] Keller 2006a, S. 212

diese Gegebenheit einer Erd- und Naturverbunden-
heit 1991 aus:

*„The rhytm of the Tribe is the rhythm of the Earth Drum
– in sync with the pulse of the   planet and universe. This
is the Terra Technic (Earth Technology). And by dancing
as One, a new world is created as the selfisch tamperings
of the few are automatically disconnected. »The faulty fue-
ses blow first« and a new stronger, united connection is
made."*[193]

Die 1990 gegründeten Protagonisten des Freetekno Spiral Tribe – ursprünglich aus der Londoner
Hausbesetzerszene stammend, waren der prominen-
teste und einflussreichste Stamm der Teknosound-
systems *„and were the vanguard of a mobile traveler
anarcho-dance alliance."*[194]
St. John klassifiziert die Gruppe über ihren guerilla-
artigen Charakter als *„Outlawtribe"*[195], in den verborgenen Untergrundwelten, hinter den offiziellen
Greifarmen der Ausschlachtung einer Verwertungs-
gesellschaft. *„Disillusioned by an unsound society, in-
spired by new sample- and mixbased auiotronics, Spiral
Tribe were determined, as their early mantra echoed, to*

---

[193] »Music, Magic and the Terra Technic«, Spiral Tribe, 1991, in
   St. John 2009, S. 28
[194] St. John 2009, S. 36
[195] St. John 2009, S. 106 f

»make some fuching noise«. An anarchistic music collective enthusiastic for an independent music culture"[196]

Der Hauptaugenmerk lag darin *„free spaces"* zu generieren, denn wie der Grafikkünstler Marc Harrison, Gründungsmitglied von Spiral Tribe es ausdrückt, ist in einem Land in dem *„every square cm is under controle … it is important to have these social centres where people can come and meet and exchange ideas."*[197]

In *„Freie Parties, freie Menschen"* schreibt Spiral Tribe hierzu:

„Wir sind stark von der Lebenshaltung von Stammesvölkern, darunter besonders von afrikanischen Stämmen beeinflusst. Auch unser Name stammt von einem afrikanischen Stamm. Wir sehen Techno als eine der größten musikalischen Revolutionen seitdem Menschen einen Stock in die Hand genommen haben, um damit zu trommeln. Techno ist ein verbindender kreativer Kanal zwischen den fließenden Energien vergangener Kulturen und dem Underground der Gegenwart. Die Musik vieler Stämme geht wie Techno im wesentlichen vom Rhythmus und von bestimmten Tonfrequenzen aus, nicht wie so oft in der westlichen Kultur von Harmonien und Melodien."[198]

---

[196] St. John 2009, S. 37
[197] Harrison in Transpontine @b
[198] Spiral Tribe 23 1996, S. 80

Wie Luckman meint, ist die Bezeichnung »Tribe« ein wiederkehrender Tropus *„throughout global rave-derived cultures, especially those located at the more counter-cultural end of the post-acid house spectrum (Spiral Tribe, Vibe Tribe, et cetera)."*[199]

Sterneck gibt in einem Interview mit dem Anthropologen Graham St. John an, dass nur im Underground ein echter Veränderungswille besteht *„that goes beyond the scope of ecstatic party-weekends, improved self-marketing opportunities and empty phrases about »Love, Peace and Unity«. I'm thinking of, for example, the early manifestos of underground resistance, Spiral Tribe."*[200] Diese gingen, wie er meint, über das Theoretische hinaus und engagierten sich damit für eine realbezogene, konkrete Umsetzung einer Lebensweise jenseits des Kommerziellen in eine konkrete Politik der Veränderung des Alltäglichen; wie beispielsweise die »reclaim the streets« Kampagne von Spiral Tribe 1994 in London[201]. „Also entirely crucial was the special development of communal forms of collective life, such as the nomadic tribalism of Spiral Tribe."[202]

---

[199] Luckman 2003, [S. 14]
[200] Sterneck in St. John @
[201] vgl. hierzu Spiral Tribe 1994
[202] Sterneck in St. John @

Harrison betont die kreatürliche Naivität, als Mut zur Einfachheit, die dem verkopften Programm des Homo Intellecticus gegenübersteht, der in seinem Intellektgitter die Fangbeute des Lebendigen aussiebt, so dass nur noch verkopfte Fragmente eines verkümmerten Lebens übrigbleiben, die keine Existenz, im Sinne eines Ins-Leben-treten-können mehr ermöglichen, als wichtiges Denkmuster der Bewegung:

„Along with our creativity and non-hierarchical structure, our naivety was probably one of our greatest strengths. Our new understanding of the situation was informed by living a life of movement – nomadic, outdoors life, that was in tune with the landscape and the turn of the earth. [...] This flow gave us an interesting relationship with the world and our perception of it."[203]

Es kommt zu einer Adaption an das Naturhafte, an das Zyklische – der wiederkehrende Bass als Pulsschlag alles Lebendigen - zu dem eine Resonanzbeziehung aufgebaut wird. *„We're all travellers, spinning round the sun, anyone ever tells you different is a liar. What's important is your journey towards freedom. You can dance, you can run, walk or crawl, I don't give a fuck,*

---

[203] Harrison in Transpontine @b

just keep moving."[204] Das Situative, Bewegliche, Zyklische auch Anarchische ist die entscheidende Referenz des Technostammes Spiral Tribe, um aus den
Begrenzungen der gesellschaftlichen Architektur
herauszukommen und eine synaptische Landschaft
betreten zu können.[205]

---

[204] Zitat eines Travellers zu Harrison in Transpontine @b

[205] vgl. hierzu auch das Konzept der *»Regulierten Anarchie«* des
Ethnologen Christian Sigrist, der den segmentären
Gesellschaften als etwas Modellhaftes, Statisches, einen
prozesshaften Charakter von segmentären Gesellschaften
entgegenstellt, im Sinne einer dynamischen Bewegung –
ganz im Sinne des neotribalen Ansatzes. Vgl. hierzu auch
Waldhart 2018, S. 4: *„Durch ständige Verästelung,
Verschmelzung und Spaltung der Gruppen reproduziert sich die
Struktur immer aufs Neue. Diese segmentären Prozesse
unterscheiden die Regulierte Anarchie auch von älteren,
sozialevolutionistischen Gesellschaftsmodellen. Eine herrschafts-
freie Gesellschaft ist nicht mehr natürlich, sondern wird sozial
hergestellt."* Vgl. bezüglich des dynamischen und
prozesshaften Ansatzes auch Folkers, 2018, S. 140 f: *„Bergson
(2013) [hat] ein Konzept »schöpferischer Evolution« entwickelt,
das Leben als inhärent dynamisch und prozesshaft"* zu verstehen.
*„Damit hat Bergson ein begriffliches Angebot geschaffen,
das es erlaubt, Irritationen nicht mehr nur als
»Abweichung«, sondern als »Neuheit« zu registrieren."*

VERSATZSTÜCK II:

Der Riss durch den Vorhang

„Wenn sie schweigen,
werden die Steine schreien."
Lukas 19:40

II.1. Schreiende Steine als Anagramm einer Rückseitendeutung

Wie im ersten Kapitel ersichtlich wurde, ist es ein Hauptaugenmerk eines Soundsystems und Teknostammes »*free spaces*« zu generieren, gemäß einer »*Adaption an das Naturhafte*«, einem Herausbrechen aus der Blasiertheit der Moderne. Diese Platzhalter des Liegengelassenen, sollen über neotribale Aneignungen erfolgen, im Sinne von stammesähnlichen Metaphern einer Lebensform, die als vormodern deklariert wurde. Im Fokus standen hierbei Lebensformen als Stellvertreter des Situativen, Transgressiven und damit der dionysischen »*Eksistenz*«, welche in der modernen Verfassung über eine Stigmatisierung ausgegrenzt werden.

Dass es zur Entstehung von Spiral Tribe als Pionier des Freetekno kommt hat folglich mit Sehnsuchtswelten zu tun, mit den Auslassungszeichen der Moderne zum bisherigen Ensemble, welche als Skandal gebrandmarkt werden müssen, wie das folgende Kapitel zeigen wird. Wenn man das zugrundeliegende Geschehen genauer unter den Fokus nimmt, muss man tiefer schürfen und die längeren Linien betrachten, um den Ursachen auf den Grund zu kommen, die zu solch einem Seinszustand des modernen Menschen geführt haben.

Im Sinne einer syntaktischen Indexierung geht es hierbei um die Darstellung von Beziehungen über eine zirkulierende Referenz[206] im Sinne von Kopplungsindikatoren[207] und Verbindungsanzeiger. Über diese Ausgangspunkte können erst – ganz im bibliophilen Sinne eines Funktionsdeskriptors - Positionszuordnungen erschlossen werden. Denn Ziel einer syntaktischen Indexierung ist es, den jeweiligen Sachinhalt so genau und vollständig wie möglich wiederzugeben und die *„Abhängigkeitsstruktur zwischen den Indextermen nach[zu]zeichne[n]"*[208]. Denn wie

---

[206] Exemplarisch kann hierfür der instruktive Text Latours *„Zirkulierende Referenz"* aufgeführt werden, vgl. hierzu Latour 2002a, S. 36-95

[207] vgl. hierzu Strauch 2007, S. 264: „Bei der sogenannten strukturierten Indexierung werden Kopplungsindikatoren eingesetzt, um eine Verbindung von zwei oder mehreren Index-Termini herzustellen. (→ Rollenindikator)"

[208] Kaufmann 2001, S. 34

schon Latour erwähnt: *„Den Mut, in der Fremde zu vereinheitlichen, haben sie [die Modernen] nur, weil sie bei sich zu Hause trennen."*[209]

Das Soundsystem Spiral Tribe stellt in dieser Arbeit nun den archimedischen Punkt dar, nicht aus einem cartesianischen Blickpunkt heraus, sondern – *punctum saliens* – ganz im aristotelischen Stile eines springenden Punktes, aus dem sich alle Lebensbahnen heraus erschließen, aus einem Knotenpunkt heraus, aus einem perspektivischen Blickwinkel entsprechend eines Standpunktes. Daraus lassen sich im hermeneutischen Sinne eines Verknüpfe-die-Punkte, die Ausgangs- und Berührungspunkte, als auch die Kontra- und Siedepunkte der (Post-)Moderne ausleuchten.

So ist der Ausspruch Archimedes *»Gib mir einen Punkt, wo ich hintreten kann und ich bewege die Erde«* als eine Erschütterung im Stile eines *»panischen«* Weckrufes[210] zu begreifen – dessen seismographischer Widerhall das Soundsystem Spiral Tribe bildet

---

[209] Latour 2002b, S. 15

[210] Der Begriff Panik ist hier in seinem mythologischen Verständnis zu begreifen, im Sinne des altgr. panikòs, *„durch Pan bewirkt"*, vgl. Kluge, 1999 S. 609; vgl. hierzu auch Knörzel [Bearb.] 2012, S. 83: *„Leidet nicht auch der Mensch, der den Pan verehrt, der panische Mensch? Er leidet, wenn er seiner Muße beraubt wird, wenn sein freies Wachstum sich verengt und der Zugang zur Wildnis ihm verschlossen wird."*

und dessen Ausgangspunkt im Empfinden liegt, in einer Erschütterung der seelischen Sphäre des Menschlichen. Damit werden die Dinge indiskutabel!

Vauvergaunus siedelt Gedanken dem Herzen – als Zentralpunkt der Lebenskraft – zu, nicht dem Gehirn: *„Der Geist ist das Auge der Seele, nicht ihre Kraft."*[211]

So bildet Spiral Tribe die Eminenz[212] dieser Erschütterung im Sinne einer ursprünglich musikalisch-anarchischen Konkretisierung der *„kopernikanischen Gegenrevolution"*[213]. Diese Aussage ist nur aus dem Blickwinkel der *»Netzwerke«* der abendländischen Geschichte nachzuvollziehen und nicht aus einem engeren Gegenwartsfenster der Betrachtung, denn *„auch die Diplomaten [der Modernisierungsfront] brauchen ein Narrativ, wie es die Adepten des story telling in der amerikanischen Presse nennen."*[214] So gibt es eine konkrete, eklatante Bruchstelle, die zu datieren ist im Sinne eines Vorher/Nachher-Zustandes hinsichtlich einer Kompensation von Verstrickungen und einer

---

[211] Vauvergaunus 2013 [18. Jh.]

[212] vgl. hierzu die ethymologische Bedeutung des Begriffs Eminenz in DWDS @: *„von lat. ēminēre 'hervor-, herausragen' [...] Das lat. Verb ist ebenso wie das anders präfigierte prōminēre 'hervorragen, vorspringen' (s. prominent) verwandt mit lat. mōns 'Berg', eigentlich 'Emporragender'."*

[213] vgl. Latour 2002b, S. 107: *„Kopernikanische Gegenrevolution nenne ich den Umsturz des Umsturzes."*

[214] Latour 2018, S. 58

Fügung von Verdrängungen, die in einem biblischen Ausmaße zu einem »Schreien der Steine« geführt hat.

Im Sinne von Bruchstellen sind Fundstellen, ist dieser Bruch als ein »Riss durch den Vorhang« (Ernst Jünger) zu bezeichnen und verdient unsere ganze Aufmerksamkeit, denn „auf ihre merkwürdige regionale Ontologie muss man sich zunächst konzentrieren, wenn man die geringste Chance haben will sich den ‚anderen' zu stellen – den früheren anderen [‚um zu verstehen,] was sie [– die Modernen,] dazu getrieben hat [...], den Planeten in Brand zu stecken und mit Blut zu tränken?"[215] Denn für den ontologsichen Ausnahmezustand der Moderne, als einem System von Ausschlachtungen, lässt sich der angeblich Sitting Bull zugeschriebene Aphorismus aufführen: „Wir haben die Erde nicht von unseren Ahnen geerbt, wir borgen sie von unseren Kindern."[216]

Im Sinne von »Wir sind nie modern gewesen«[217] wurde diese epistemische Bruchstelle ausführlich in

---

[215] ebd., S. 58 f

[216] „Dieser grüne Slogan wurde von US-Außenminister Baker dem Philosophen Ralph Waldo Emerson zugeschrieben, andere halten ihn für eine uralte australische oder amerikanische Weisheit. Er wurde allerdings erst 1971 von einem grünen Aktivisten geprägt." Vgl. hierzu: Krieghofer 2017

[217] Latour 2002 b

Hölzel 2006[218] schon erörtert und Ziel ist es nun, über eine Darlegung der Latourschen Existenzweisen[219], als Erweiterung der Akteur-Netzwerk-Theorie (ANT) [220] , nicht im Sinne Foucaults Bomben zu bauen[221] sondern *Referenzketten - „durch die Gitter des Sprachgefängnisses hindurch"*[222] - zu legen, welche sich den binären Codes des Folgerichtigen entziehen, um

---

[218] vgl. hierzu die Kapitel »*Der Ausgangspunkt der Subjekt-Objekt Trennung. Die cartesianische Spaltung*«, S. 16 – 23 *sowie* »*Der Wandel der Subjekt-Objekt Beziehungen als Folge der cartesianischen Spaltung*«, S. 23 - 26

[219] Latour 2018

[220] vgl. hierzu Lorenz 2010, S. 579; Zusatz C. H.: Die ANT begreift sich als *„flache", „antihierarchische"* Wirklichkeitsbeschreibung, um *„beweglichere Verbindungen [zu] fassen"* und aus dem Netzwerkansatz die Verknüpfungen und Wandelbarkeiten darzustellen. Die Erweiterung der ANT führt *„von der Netzwerkkonstruktion zum ‚parlamentarisches Verfahren' - vom Netz zur Versammlung."*

[221] Foucault 2001, S. 608: *„Das Ideal ist nicht die Herstellung von Werkzeugen, sondern von Bomben, denn wenn man eine Bombe eingesetzt hat, kann niemand anderes mehr sie einsetzen. [...] [I]ch möchte gerne Bücher schreiben, die Bomben sind, das heißt Bücher, die genau zu dem Zeitpunkt benutzt werden, da jemand sie schreibt oder liest. Die Bücher verschwänden dann, nachdem sie gelesen oder benutzt wären."*

[222] Latour, 2018, S. 149

im Sinne Ernesto Grassis Briefe an Freunde zu senden [223] und über semiotische Anagramme [224] die künstlichen Paradiese[225], als Blumen des Bösen[226], zu verlassen bzw. als eine *Pseudologia phantastica* im Sinne des Münchhausen-Syndroms offenzulegen[227].

---

[223] *„Den ersten Übersetzungen der Humanisten im 15. Jahrhundert aus dem Griechischen oder Lateinischen geht deswegen in der Regel auch eine Einleitung in Form eines Briefes an einen Freund voraus"* (Grassi 1963, S. 7). Das Wissen sollte nicht allein der *„Aufbewahrung von Kenntnissen"* (Grassi 1963, S. 7) dienen, sondern gerade der Bildung, das heißt dem Werden des Menschen. Wissenschaft im herkömmlichen Sinne betrieben ist ein *„Wissen als Urerfahrung"* (Duerr 1985, S. 23*)*. So stand die Naturwissenschaft Epikurs nicht im *„[...] unersättlichen Wissensdrang, sondern [im Dienste] seiner eigenen Vervollkommnung"* (Otto 1963, S. 21; Zusatz C. H.). Das heißt die wissenschaftliche Erkenntnis war nicht ihr Endzweck, und darin besteht die große Kluft zwischen früheren und heutigen Gelehrten.

[224] DWDS @: Anagramm: altgr. ἀναγράφειν *anagráphein* 'umschreiben'

[225] Baudelaire, Charles »*Les paradis artificiels*«, 1860

[226] Baudelaire, Charles »*Les fleurs du mal*«, 1857. Das Böse wird im Stile Rumpelstilzchens „Ach wie gut, dass niemand weiß, dass ich Rumpelstilzchen heißt" (vgl. Gebrüder Grimm: Rumpelstilzchen, 1812) durch Benennung gebannt (vgl. hierzu Döbereiner).

[227] Der Psychiater Anton Delbrück verwendet den Begriff Pseudologia *phantastica* als Lügensucht im Sinne eines pathologischen Dranges zum Lügen und übertreiben (vgl. hierzu Delbrück 1891). Die Moderne gleicht hierbei einer artifiziellen Störung, im Stile des Münchhausen-Syndroms , über ein absichtliches Erzeugen und Vortäuschen von künstlichen Symptomen, im Sinne einer *„vorgetäuschten*

„*Semiotische Fragestellungen sind* [...] *älter als alle wissenschaftlichen Einzeldisziplinen und daher geeignet deren Isolierung zu überwinden*"[228] und Geschichte im Sinne eines Dritten Raumes wiederzubeleuchten, um die descartschen Paradigmen als „*Krebsgeschwür der Philosophie*"[229] umzuschreiben im Stile einer phänomenologischen Rückseitendeutung. Der Dritte Raum[230] ist hierbei als ein cartesianisches Antidot zu begreifen, der die Zwischenräume des Existenziellen zulässt.

Störung" und „*ständigen Beziehungsabbrüchen*" (vgl. Eckhardt 1996, S. 1623), die das mutierte, ausgebettete „*Quasi-Subjekt*" (vgl. hierzu Latour 2002 b, S. 71 - 81), in eine kachelmannsche »*Opfer-Abo*« (vgl. hierzu Kachelmann in Tuma 2013) Rolle drängen, welches »*Draußen vor der Tür*« (Wolfgang Borchert 1947) steht.

[228] Deutsche Gesellschaft für Semiotik @

[229] vgl. hierzu Kunna 1991 »*Das Krebsgeschwür der Philosophie*«: Der böhmische Philosoph, Theologe und Zeitgefährte Decartes sah sich gezwungen die cartesianische Philosophie über ihre Durchrationalisierung, Mechanisierung und strenge Selbstzucht als »*Krebsgeschwür der Philosophie*« zu diskreditieren.

[230] vgl. hierzu auch Rath 2010 »*Hybridität und Dritter Raum*«, hier S. 141: „*Als »hybrider« Prozess und inhärenter Teil des »Dritten Raums« bildet »kulturelle Übersetzung« damit ein weiteres Glied in der Kette dieser konzeptuellen Methaphern. Nicht nur die Bezeichnung als »Dritter« Raum, auch die Vorstellung von Übersetzung tritt in Bhabhas Konzeption* (vgl. hierzu Bhabha 1990»*The third space*«) *dualistischen Modellen entgegen.*"

Über Permutation[231] werden binäre Codes der cartesianischen Spaltung aufgeweicht, um Zwischenwelten – als fluide Codes und Auslassungszeichen der Moderne – wieder zum Leuchten zu bringen. Es wird sich zeigen, dass Spiral Tribe einem Leuchtturm der historischen Rückseite des ganz Anderen gleicht, denn die Wiederbelebung der Unsichtbaren, als Ontologie einer Lückenlehre, befindet sich zwischen den Stühlen des Anschaulichen, Sagbaren und kann, um dem Paradoxon zu entkommen, nur über liminale Drittmittelförderungen im Sinne einer Erstellung eines Dritten Raumes in die Welt gebracht werden. Über diese Querkreuzungen entstehen, im Stile einer Wiederverzauberung [232], Existenzen in der Schräge.

Es geht hierbei um ein Aussenden von kreativen Verstörungen, die zu Implosionen des Logos führen, damit den Logos als ultima ratio entmündigen, um ihn im Stile eines Fließ-Textes – *Kultur als Text in einer flüssigen Moderne*[233] – dem Sein zurückzuführen bzw.

---

[231] DWDS @: Permutation: aus lat. Permūtātio *Veränderung, Wechsel, Umtausch, Austausch*

[232] Im Sinne von Max Webers »*Entzauberung der Welt*« (1919), um den Intellekt zu bannen und in seine Schranken zu weisen.

[233] Für Clifford Geertz *„der die hermeneutische Wende in der Ethnologie […] nachhaltig bestimmt hat"* (Breyer 2013, S. 109), wird in seiner poststrukturalen Phase des *cultural turn* die »*Textualität der Kultur*« in seinen Prozessen der

ihn aus seiner Verkrustung eines Erstarrten (Da-)Seins lösen. [234] Denn nur über Strategien des Aushandelns kommt es im deleuzschen Pragmatismus zu einem rhizomatischen, fragmentierten und nomadischen Denken und Wissen [235], welches auf eine *„variable Ontologie"* [236] verweist. Diese Virulenz der Herausforderung eröffnet Mittel des Transports, welches wirksame epistemische Ausschlüsse in den Fokus rückt, um *„die zerrissene, dezentrierte Identität in*

Fremdbegegnung zu einem Schlüssel eines *„touch of the real"* (vgl. hierzu Greenblatt 2000). Die flüssig gewordene Kultur der Moderne, von der Zygmunt Bauman in seinem Werktitel spricht (Bauman 2000), soll als Text fungieren und der Mensch kann als Text gelesen werden.

[234] Denn zum Problem wird diese analytische Denkmethode und die Präzession der Begrifflichkeit durch ihre ethische Neutralität dann, wenn sie keine andere Ergänzung bekommt – etwa im Sinne des Pascalschen Denkens mit dem Herzen. Blaise Pascal (1623 – 1662), Zeitgenosse Descartes, war so eine Abstraktion des Denkens fremd, denn er vereinigte noch *„Herz, Instinkt, Prinzipien"* (Pascal 1947, S.47) zu einem zusammen-hängenden, organischen Ganzen. *„Das Herz hat seine Vernunft, die der Verstand nicht kennt. Man weiß das* aus tausend Beispielen" (ebd., S.47). Das heißt bei Pascal dient noch als Erkenntnisquelle, dass was Sokrates als »daimonia«, die innere Stimme, bezeichnet.

[235] vgl. hierzu: Deleuze, 1977, vgl. hierzu auch: Braidotti, 2015

[236] Latour, 2002b, S. 158

eine hybride, auf kreative Verstörung basierende Identität"[237] umzumünzen. Diese Eröffnungsfelder der dialektischen Triaden werden in den nächsten Kapiteln besprochen.

---

[237] Hölzel 2021, S. 429

II.2. Transzendentale Obdachlosigkeit:
Zerzauste Wesen in der Dämonie des Objektes

„In dieser Welt maskiert man sich am wirkungsvollsten, wenn man Selbstvertrauen vortäuscht."[238]

Diese Worte stammen von dem japanischen Schriftsteller Mishima Yukio, der sich 1970 durch einen ritualisierten Seppuku das Leben nahm. Entscheidend ist jedoch hinter die Maske der Erscheinung zu schauen, denn nur die Rückstrahlen schmelzen das Siegelwachs, um hinter die Phänomene blicken zu können und die Dominanz der Verregelungen zu durchbrechen. Diese scharfe Gegenüberstellung von Vormoderne und Moderne – als pathologischen Sonder- bzw. Sündenfall zum bisherigen Ensemble, zeigt wie oben ausgeführt, einen Riss durch den Vorhang zur bisherigen Bühne der kulturellen Aneignungen.

Nur *„die Philosophen des Unbewussten fangen die Dunkelheit mit Laternen ein"*[239]. Diesen Kardinalfehler der Planierung in Form einer totalen Ausleuchtung,

---

[238] vgl. hierzu Mishima 2019, 02:40 – 02:45
[239] Jünger 2002, S. 511

vollbrachten die Modernen, als *„Institution der Materie"*[240], indem sie alle Lücken des Nicht-Sichtbaren schlossen. Denn die Ariadne-Fäden, die aus dem Labyrinth der Moderne hinausführen sind auf keinen Fall folgerichtig, somit denkwürdig. Denn *„man muss nicht »gegen« sie kämpfen. Es genügt, ohne sie auszukommen, so wie die Physiker gelernt haben, ohne den Äther auszukommen."*[241]

Im Stile von Rückleitungen, bedarf es aus einer Diagnose der Zeit einer Katheterisierung – einer Einführung von Katheter – um Lücken aus der materiellen Verdickung aufzustoßen. Diese sind als Spatenstiche einer Freisetzung, aus der modernen Sackgasse zu betrachten. So wie es auch gilt Langeweile, als Pathos des 21. Jahrhunderts zurückzuleiten, denn Langeweile ist nichts anderes als eine *»Auflösung des Schmerzes«* in der Zeit. Jedoch wirft nur die *»Einbeziehung des Schmerzes Anteilscheine eines Glückes«* heraus, welches nicht auf künstlichen Wolken schwebt, denn *„die Verneinung des Schmerzes macht auf magnetische Weise tributpflichtig."*[242] Diesen Dispositionskredit hat das Regime der Modernen schon lange überzogen.

---

[240] Latour 2018, S. 182

[241] ebd., S. 186

[242] vgl. hierzu auch Jünger 1934, S. 170: *„Wenn man daher den Zustand eines breiten Behagens vor Augen sieht, darf man ohne weiteres fragen wo die Last getragen wird*

Um eine Ontologie einer Lückenlehre zu verkünden, mit welcher wir die »*Unterlage*«[243] liefern zum Überführen des Soundsystems Spiral Tribe, als deren Anwender und Vollbringer[244] dieses Existenzmodis müssen wir die Tarnkappe des Phänomenologischen herunterreißen, um hinter die äußere Form blicken zu können. Hierfür bedienen wir uns Bruno Latours Existenzweisen, dessen ontologische Transkription es uns ermöglicht, wieder am Zustand der Vormodernen anknüpfen zu können und daraus das Geschehen abzuleiten.

Wenn eine Prädikation getreu einer Bekanntmachung zur sprachlichen „*Gliederung der Welt*" gemäß einer Kategorisierung der Inanspruchnahme dient, müssen die Uhren zurückgedreht werden, um *der „göttlichen Referenzlosigkeit der Bilder"*[245] zu entkommen, welche durch den Rationalisierungsprozess eingeleitet wurden. Der Mythos des Wortes, als etwas Gestalthaftes, wurde auf ein bloßes Verkehrszeichen herabreduziert, denn „*unsere Sprache, in der wir*

---

[243] Zum näheren Verständnis dieses Terminus siehe weiter vorne im Kontext zum Begriff Subjekt

[244] Ganz im Sinne des ovidschen Merkzeichens »*Pefer et obdura! dolor hic tibi proderit olim*« - *V*ollbringe und halte aus! Irgendwann wird dieser Schmerz dir nützlich sein. Vgl. hierzu Ovid: Amores III, 11, 7 @

[245]Baudrillard, 1978, S. 10

denken, ist, wie der Kundige weiß, durchaus mystisch, soweit sie nicht zu einem bloßen Zeichensystem für die wirtschaftliche Verständigung herabgesunken ist"[246]. Durch die Logik werden gestalthafte Begriffe als *„falsche Münzen"* angezeigt, die genauso durch *„neutrale Spielmarken"*[247] ersetzt werden können.

So geht es gemäß eines induktiven »*bottom up*«-Ansatzes, um eine linguistische Expertise, getreu einer Revision der Kategorien, die das Ziel verfolgen, die Kategorienfehler der Modernen zu schließen. Denn es geht um Wesen, im Sinne der aristotelischen Frage »*Ti esti*« im Sinne der Frage *„»Was sind all diese?«"*, um verschiedene Entitäten zu beschreiben. *„Diese Wesen* [zur Beschreibung der verschiedenen Entitäten] *bezeichnet Latour als Existenzmodi."*[248]

Damit es gelingt den Kategorienfehler in der »*Anthropologie der Modernen*« rückgängig zu machen,

---

[246] Otto 1963, S. 75
[247] Horckheimer 2003, S. 11
[248] Thiemer 2016, S. 188 f

bedarf es nach Latour der Wiedereinführung »psychischer Zutaten«[249], als „Dispositive der »Transaktionen«"[250], welche in ihrer Alterierung „die »Psychotropen« [wieder] »ansässig« machen"[251], denn nur die „Wesen, die die Psyche produzieren, lassen uns nicht immer in der Angst vibrieren, auf Metamorphosen zu surfen, wir fühlen uns einfach »wohl in unserer Haut«."[252]

---

[249] Latour 2018, S. 342. Latour bedient sich hierbei des Philosophen und Mathematikers Whitehead und dessen „Theorie der psychischen Zutaten" (vgl. hierzu Chun 2010, S. 135f) und dessen Lehre des Panpsychismus: „Whitehead geht davon aus, dass sich die Wirklichkeit nicht aus Träger, empfindungsloser Substanz konstituiert, sondern aus »wirklichen Einzelwesen«, die als »komplexe und ineinandergreifende Erfahrungströpfchen« aufzufassen sind. […] Die Erfahrungströpfchen sind als Prozesse aufzufassen: »Ein wirkliches Einzelwesen ist ein Prozess und nicht im Sinne der Morphologie eines Stoffs beschreibbar.« […] Ein Einzelwesen ist nicht das Ergebnis eines Prozesses, sondern es **ist** der Prozess." Vgl. hierzu Spät 2010, S. 126
[250] ebd., S. 283 f
[251] ebd., S. 284
[252] ebd., S. 372

Um diese Anthropologie der Modernen zu bewerkstelligen ist es essentiell Rückkopplungsschleifen[253] zu installieren, um *„die Umkehrung umzukehren"*[254]. Die ausschlaggebende Transaktion hierfür ist *„die [der] Unsichtbaren, die wir wieder einführen müssen, um die Repräsentanten zu verjagen"*[255], denn *„»hinter« der Erscheinung gibt es nicht »die Realität«, sondern nur den Schlüssel"*[256].

Thiemer verweist hier auf den ursprünglichen Kontext des Wortes »subiectum«, als dem Träger, der Unterlage, als *„das Daruntergeworfene"*[257] welches - als Substrat oder Subjekt - im Wechsel der Zustände beharrt.[258] Nach Kaufmann bezieht sich der altgriechische Begriff für Subjekt ὑποκείμενον hypokéimenon

---

[253] Zum Kontext der Rückkopplungsschleifen vgl. Schölzel 2019, S. 15: *„Latour versucht in jüngerer Zeit, die vielfältigen Rückkopplungsschleifen aus menschlichen und nicht-menschlichen Prozessen mit dem Konzept »Gaia« auf einen Begriff zu bringen. Im Kern geht es ihm dabei darum, gegenwärtige Probleme und zukünftige Entwicklungspfade politisch diskutierbar zu machen und zugleich einen Beitrag zur Gestaltung der kommenden Kollektive zu leisten."*

[254] Latour 2018, S. 588

[255] ebd., S. 342

[256] ebd., S. 380

[257] vgl. Prechtl 1996, S. 499: Subjekt: lat. *Subiectum* »das Daruntergeworfene«

[258] vgl. hierzu Thiemer 2016, S. 187: *„Das Ich, das Subjekt, verweist im philosophischen Horizont nicht nur auf den konkreten einzelnen*

auf das Zugrundeliegende, welches in seiner Aristotelischen Verwendung gänzlich frei von Bestimmungen, damit Eigenschaften ist und damit zum Träger des Anderen wird.[259]

Boethius hat das altgriechische *hypokéimenon* in die lateinische, uns geläufige Form des *subiectum* übersetzt, als Substrat einer bestimmungslosen Materie, die wechselnde Formen annimmt. Erst durch den französischen Philosophen René Descartes

---

besonderen Menschen, sondern auf die Themen der Identität, der Selbigkeit und der Selbstheit wie auch des **subjectums***, im Sinne des Zugrundeliegenden von überhaupt etwas. […] Wenn* **Ich** *ein* **Anderer** *ist, so erscheint seine Identität, sein »Sein-als-er-selbst« immer auch zu bedeuten, dass dieses dem ersten Anschein noch so kontinuierliche Selbstsein durch eine Alterität, ein »Sein-als-anderes« gebrochen ist. Es taucht eine Differenz, eine Diskontinuität bzw. eine Kluft in diesem (substanzontologischen) Seinsbegriff auf."*

[259] vgl. hierzu Kaufmann 1998, Sp. 557 – 560: *„In der von Aristoteles in Metamorphosen VII, 3 aufgelisteten Verwendungsweisen von ὑποκείμενον, altgr. hypokéimenon, wird die Materie als das der Form Zugrundeliegende bezeichnet. Dies entspricht dem lat. ‹substratum›, welches auf das Partizip von ‹substernere› (unterbreiten, unterlegen) zurückgeht. Wegen seiner eigenen Eigenschaftslosigkeit ist es geeignet, Träger von unterschiedlichen hinzutretenden Eigenschaften zu sein. Das Substrat dient in der von Aristoteles aufgelisteten Verwendungsweisen von ὑποκείμενον als eine Materie, die als das der Form Zugrundeliegende bezeichnet wird, sei es als jeder Form vorausgehende «prima materia». Das Substrat wird folglich eine bestimmungslose Materie, die wechselnde Formen annimmt. Damit wird das Substrat bzw. Subjekt ursprünglich zum Träger des Anderen."*

wurde es auf das Ich bezogen, das für ihn zur unbezweifelbaren Grundlage alles weiteren Wissens wurde und das ist der eigentlich Schnitt ins Gewebe in der Kulturgeschichte bildet.[260] Früher wurde das Subjekt als Träger des Anderen aufgefasst, jetzt wird es zum Kerker des eigenen Ichs, das nicht mehr aus sich selbst heraustreten kann, in sich gefangen bleibt. Dies ist die Katastrophe[261], welche uns in der gegenwärtigen Epoche – als Finalität der Erscheinung – im Stile einer Detonation um die Ohren fliegt.

Die alten Griechen kannten den Begriff Raum nicht, denn die Vorgänge fanden innerhalb von Körpern statt. Weder im Griechischen noch im Latein gibt es etwas Wesenhaftes dafür: τόπος (= *locus*) heißt Ort, Gegend, auch Stand im sozialen Sinne, χῶρα (= *spatium*) *Abstand* zwischen *Distanz, Rang*. Der Raum entkörpert die Welt, welche auf einer plastischen Wahrnehmung beruht. Die Stoiker haben sogar die Eigenschaften und Verhältnisse von Dingen für Körper erklärt. Für Demokrit besteht das Sehen im Eindringen von stofflichen Teilchen des Gesehenen.[262]

---

[260] vgl. hierzu Stolzenberg 1998, Sp. 374

[261] vgl. hierzu Kluge 1999, S. 432: Aus dem altgriechischen *katastréphein* »umkehren, umwenden«; so muss es wie Latour schon vermerkt (s.o.) zu einer »*Umkehr der Umkehr*« kommen

[262] vgl. hierzu Spengler 2015, S. 183: „*Gerade diese allmächtige Räumlichkeit, welche die Substanz aller Dinge in sich saugt, aus*

Der historische Welteindruck umfasst das Zeitliche als eine Richtung, während der naturwissenschaftliche, cartesianische (Weltein-) Druck lediglich auf räumliche Distanz, also auf Ausdehnung basiert. Geschichte impliziert immer ein Geschehen, indem alles Gewordene dem Werden einzuordnen ist, damit Echtzeitcharakter hat, ganz der dionysischen Stellungnahme eines *»Hier und Jetzt«*. Das Leben ist keine erstarrte Vitrinenausstellung in der die Prunkpaläste des schöpferischen Geistes glänzen. Sonst wird das Werdende – ganz im Sinne eines: *»der Guss ist noch flüssig und das zu seinem Heil«* (Ernst Jünger) – zum musealen Ich eines bereits Gewordenen, welches sich nicht mehr aus sich selbst heraus zu erneuern vermag.

Kontingenz bedeutet aus dem Lateinischen kommend Möglichkeit. Wenn das Gewordene das Werdende beherrscht, ist die kulturelle Seele einer Inquisition unterworfen, in der die Kontingenzunterdrü-

---

sich erzeugt […] wird von der antiken Menschheit, die nicht einmal das Wort und den Begriff kennt, einstimmig als τό μη ὄν abgetan, als das, was nicht da ist. Man kann das Pathos dieser Verneinung gar nicht tief genug fassen. […] Unser Bedürfnis, jenseits dieser Schale wieder »Raum« zu denken, fehlt dem antiken Weltgefühl vollständig."

ckungsmechanismen Spielräume der Unbeherrscht-
heit einengen. [263] Sie entsprechen der funktionalen
Differenzierung moderner Gesellschaften, in der jedes Teilsystem eine Funktion für das Gesamtsystem
erfüllt. Kontingenz hingegen erscheint als Gegebenes
im Horizont möglicher Abwandlungen, in der die
Wahrnehmungsvielfalt auf einer prinzipiellen Offen-
heit im Fokus des zu Erfahrenden, Erwartenden, Gedachten oder Phantasierenden beruht, welches sich
im Hinblick auf ein mögliches Anderssein gegenüber
den selbstreferentiellen Systemen entkleidet.

In einem selbstreferentiellen System *bedingt* sich
alles, während das *Un-bedingte* – als *Bedingungsloses*,
das Werden in seiner erhabenen Zwecklosigkeit frei
lässt und so den Zufall mit einbinden kann. Das Gesetz als gesetztes ist immer antihistorisch. Es schließt
den Zufall aus. Wenn aber das Werden, wie in den
Epochen des Zivilisatorischen, dem Gewordenen un-

---

[263] Die altgriechische Definition von »*Wort*« bezeichnet gerade
nicht das Wort vom Gedachten, sondern das Wort vom
Tatsächlichen (Otto, 1956, S. 23). In der hebräischen Sprache ist
es beispielsweise nicht möglich den Satz zu formulieren: »Ich
habe einen Gedanken«. Das Wort Haben, als eine Form des
Fixierens und Festhaltens, muss im Hebräischen mit der
indirekten Form »jesh li« – es ist mir (vgl. hierzu Fromm, 1979,
S.34) ausgedrückt werden und gehört damit dem Seinsbereich
des Tatsächlichen in Form einer Begegnung mit dem Anderen an.

terworfen wird, kann keine Kultur, als seelische Aus-gestaltung des Möglichen, mehr entstehen. Es kommt zu einer Physik des öffentlichen Lebens, zu einer Umkehr der Daseinsströme. Der archimedische Punkt wird von nun an als absoluter unverrückbarer Punkt im Sinne einer *causa materialis* (vgl. Döbereiner) verstanden und komplett aus seiner Erscheinung heraus definiert.[264]

*„Und genau durch diesen [...] Kategorienfehler wird der Begriff der ‚Materie‘ irgendwann im 17. Jahrhundert auftauchen; um einen historischen Bezugspunkt zu liefern, sagen wir: im Moment, wo in der Umgebung von Descar-tes die RES EXTENSA erfunden wird. Genau das wird die Modernen definieren, und sie werden anfangen zu glauben, dass der Gedanke der Materie die wirklichen Dinge beschreiben wird, während er nur eine Weise ist, wie die RES COGITANS – eine erträumte Sache – sich daranmachen wird, **die Dinge zu imaginieren**.“*[265]

---

[264] Vgl. hierzu Goldstein 2007, S. 197: »Nichts als einen festen und unbeweglichen Punkt verlangte Archimedes, um die ganze Erde von der Stelle zu bewegen, und so darf auch ich Großes hoffen, wenn ich nur das Geringste finde, das sicher und unerschütterlich ist« [Décartes (Meditationes II) zit. nach Goldstein]. Der Vergleich zielt natürlich auf das *cogito*, das als ausdehnungslose Substanz einem Punkt gleicht und in seiner minimalsten Evidenz der Selbstgewißheit unerschütterlich ist.“
[265] Latour 2018, S. 172

Über diesen Kategorienfehler wird die Welt des Kreatürlichen, von Latour mit dem Existenzmodi [MED] – Metamorphose betitelt, in ein hinterweltliches Reich verbannt, dem Reich des Unbewussten, in der nur noch der Experte in Form des Psychologen Eintritt gewährt wird. Der Vordertür des Eintretenkönnens wird nun von den Modernen ein Riegel verhängt, da es sich um die offenkundig immateriellsten Wesen handelt welche vorliegen. Dadurch existiert *„ein Abgrund* [bzw. eine Lücke] *zwischen der enormen Ausarbeitung der sogenannten »traditionellen« KOLLEKTIVE, um »unsichtbare Wesen« einzufangen, zu situieren, zu instituieren, zu ritualisieren, auf der einen Seite und auf der anderen der Verteidigung der sogenannten »modernen« Gesellschaften* **gegen** *diese Wesen, um zu* **verhindern***, dass diese eine gesicherte Grundlage haben."*[266]

Nach Thiemer ist Latours Darstellung der Metamorphosen [MED] aus einer philosophischen Perspektive zu begreifen, welche als ontologische Modi nicht im *„Sinne der traditionell abendländischen Ontologie"* zu lesen sind. Denn *„ihr Gegenstand ist das dem Seienden Vorgängige, das dieses konkrete Seiende bedingt*

---

[266] ebd., S. 267

und ermöglicht."[267] Es geht also um Wirklichkeitsfaktoren und der Frage wie diese in der Welt eingebettet bzw. verbannt sind.

Die Kommunikation mit den Unsichtbaren, den Geisterwelten wird als eine Art hypothetischer Urschleim zu einer cancel culture, fern der modernen Laboratorien, in *„einer Anklage des Aberglaubens"*[268] verbannt. Von nun an kommt es im Stile der *„Kriegsfront der Modernisierung"*[269] zur Zone der Kopfschüsse, als Dauerpenetrationen des Ratios und zu einem Überpeitschtsein einer permanenten Denkagression im Stile einer Okkupation, in der es keine weiche Unterlage einer parasympathischen Rückkopplung mehr gibt. Der menschliche Geisteszustand wird ohne Mentalverkehr mit den Geisterwelten unfruchtbar. Auf dem Grabstein der Modernen könnte stehen: *»Ihre spermaide Kraft war versiegt – Sie hatten den Absichten gedient«.*

Die „ontologische Würde"[270] als „Segmente dieser stets heterogenen Dispositive"[271] kann nur über ein

---

267 vgl. Thiemer 2016, S. 193
268 Latour 2018, S. 267
269 ebd., S. 267
270 ebd. 380
271 ebd., S. 344

„*participation mystique*"[272] wiederhergestellt werden, als eine „*fortgesetzte Schöpfung*"[273] Das tyrannisch auf das Weltbild wirkende Kausalitätsprinzip ist das Dasein beherrschend und nicht mehr dem Dasein dienend. Kausaler Denkzwang verhindert das Vor-sich-hinleben in Anbetracht seiner Anschauung. Es ist die Form des Angeschauten im Gegensatz zur Form des Anschauens. Das Sichtbare aus der Direktheit des Begegnenden wird zur Wirklichkeit zweiten Ranges erklärt und die nicht-sinnliche Denkanhäufung, auf Verstandeswegen aufgebaut, ersetzt die sinnliche Lebenserfahrung. Es kommt zu einer Dämonie des Objekthaften, zur Tücke des Objekts.

Werden Erfahrungen innerhalb der systematischen Kritik des Verstandes zerlegt, kommt es zu einer mechanischen und materialisierten Lebensbetrachtung in der das Schicksal scheinbar überwältigt wird, sich aber aus der Perspektive einer organischen Ontologie versteinert. Der Mensch wird zu einer fossillienartigen Erscheinung. So ist die Geschichte der Moderne eine Geschichte der Fossilwerdung, in der

---

[272] vgl. hierzu Jung 1995, S. 486: Die »*Participation mystique*« ist nach C. G. Jung ein „*Überbleibsel der uranfänglichen Ununterschiedenheit von Subjekt und Objekt, also des primordialen unbewussten Zustandes*"

[273] Latour 2018, S. 343

das Erlebnis des Daseins ausgeschaltet wird. Es kommt zur Bürokratisierung der Existenz.

Arroganz bedeutet aus der Wurzel des Wortes, abseits der Gemeinplätze, soviel wie *»etwas für sich beanspruchen«, also eigentlich »anspruchsvoll, anmaßend zu fragen«, zu »richten««.*[274] Auf sich ge-richtet, ist es der Mut hoch zu stehen, um aus der Stellung des Hoch-Muts[275,] sein eigenes Selbst, als Träger des »subiectum« zu begreifen, als Träger einer Eigenart auszubauen, indem das Da-Sein hindurchfließt. Das Individuum besteht dann aus sich, als erworbener Eigner seiner Persönlichkeit, der nicht mehr, über eine Selbstverharrung im Immergleichen, Metamorphosen absondert, sondern diese in einer ontologischen Würde passieren lässt.

Der Ausdruck *»individuelles Interesse«* lässt sich *„nur durch schwerfällige Umschreibung"* in die lateinische, griechische oder arabische Sprache übersetzen[276], denn *„kein griechischer Philosoph ist auf den Gedanken verfallen, dass man, um das Eine und Ganze alles*

---

[274] Kluge 1999, S. 54
[275] vgl. hierzu Multatuli zit. in Wiedmann 2021, S. 107:
    „Multatuli schrieb: »Hochmut ist der Mut, hoch zu stehen.«"
[276] Mauss 1994, S.173

von Natur aus Seienden zu erforschen, vom Selbstbe-wusstsein des Menschen oder vom eigensten Dasein aus-gehen müsse."[277]

---

[277] Löwith 1967, S.26

II.3. Eine Ontologie der Lückenlehre:
»Von Schönheit gequält, von Schmerz befreit«

Die zu psychogenen Netzwerke der Modernen mutierten ehemaligen Unsichtbaren bzw. Geisterwelten, *„bezeichne[n] einen Existenzmodus, der bspw. in Kulturen, in denen der Mythos eine Existenzdignität innehat [also nicht verleugnet und unterschlagen wird], eine weitreichende Bedeutung innehat. Immaterielle Kräfte besitzen ein »Existenzrecht«."* [278] Das Regime der Moderne findet keinen Platz diese Wirkungskräfte zu verorten. Deswegen werden die Unsichtbaren zu Platzhaltern, zu einer ontologischen Lücke in ihrer Aufstellung.

Die Lebenswege als Inhärenz des Modernen gleichen Wege des Ortlosen, die schicksalslos geworden einem Fristablauf gleichen, in der es kein Ankommen mehr gibt, denn die Rerferenzsysteme mit den psychogenen Netzwerken sind abgekoppelt worden. Auf das Kommunikationsmodell übertragen wird der Sender in einem inzestuösen Beziehungsgeflecht, als Engramm einer Selbstbegattung, gleichzeitig zum

---

[278] vgl. Thiemer 2016, S. 193

Empfänger, da er seine Nachrichten aus dem Innenleben, dem Unbewussten speist.[279]

Die Decodierung kreist um sich selbst in einer Manifestation des Subjekthaften. Und hier liegt laut Latour der große Kategorienfehler, als Fehlgeburt eines Ich-haften Bewusstseins ohne Quellenangaben aus dem Umraum, denn *„wenn es einen Fall gibt für eine Sache, die* **für eine** *andere* **gehalten** *wird, dann sind es die psychogenen Netzwerke, die für eine »Schöpfung des menschlichen Bewusstseins« gehalten werden."* [280] Die ehemals mit äußeren Wesen assoziierten Kräfte *„werden als Anzeichen einer (bewusstseinsphilosophisch konstituierten) Innenwelt interpretiert."* [281] Aus diesem Blickwinkel betrachtet müsste die ganze Psychologie in ihrem referenziellen Selbstbezug komplett umge-

---

[279] vgl. hierzu auch Latour 2018, S. 274: *„Um die Innenwelt zu erkunden scheint die Psychologie kein sicherer Anhaltspunkt zu sein, als es die Erkenntnistheorie für die Außenwelt war. Aufgrund ihrer Theorie des Objekts scheinen die Modernen nicht über einen Ort zu verfügen, wo sie die Wirkungen der Psychogene unterbringen können. Alles spielt sich »in den Köpfen ab«, aufgrund der radikalen, wesentlichen Unterscheidung zwischen Objekt und Subjekt."*

[280] Latour 2018, S. 273, Latour fügt fragend hinzu: *„Wie soll man nicht verwundert sein angesichts einer solchen Fehleinschätzung seiner selbst?"*

[281] Thiemer 2016, S. 193 f

schrieben werden. Denn durch diesen Kategorien-fehler wurden bestimmte *„Existenzweisen sozusagen in Stummheit verbannt".*[282]

Schöpfungen sind nicht, im Stile eines Pepertum Mobilee, als Schöpfungen aus sich selbst heraus zu begreifen, sondern es braucht Energiezufuhr von au-ßen, ganz nach dem Termini *»das Andere das in uns spricht«,* als eine *»Vermählungen mit dem Anderen«,* im Sinne eines hereinfallenden Geistes in den Träger als *»subiectum«.*[283] In der korrigierten Rückübersetzung

---

[282] ebd., S. 190

[283] Das *»Andere in uns«* ist auch als Imagination zu dechiffrieren. Dieses Ein-Bilden als Aufnahme des Anderen, als ein Herausbilden aus der Phantasie ist das, was Paracelsus als *„Imagination"* (Otto, 1956, S. 18) bezeichnet. Die Entwicklung vom mythischen zum logischen Denken ist zugleich ein Absterben dieser Imagination und damit der frei schaffenden Einbildungskraft: *„In dem Maße in dem das mythische Denken abstirbt, vermag sich das abstrakte Denken abzulösen und frei zu machen"* (Jünger, F. 1947, S. 7). Damit gewinnt das abstrakte Denken Autonomie und setzt sich selbst Gesetze. Das abstrakte Denken, welches die Begegnung mit dem Anderen aussortiert, ist gerade durch einen Mangel an Imagination gekennzeichnet, da es nur aus Bildern heraussortieren kann und damit alle Erkenntnisse auf Begriffe bringt. Bedeutung hat damit nur das, was sich absondern und isolieren läßt (vgl. Jünger, F. 1947, S. 10). Erst aus diesem Herauslösen, diesem Umbruch der Wirklichkeit ist eine Deutung und damit Bedeutung möglich. Die Gestalten, Symbole und Bilder bleiben somit *„[...] ein ständiger Vorwurf unseres Nachden-kens"* (Jung 1993: 43), oder in Horkheimers/ Adornos Worten formuliert: *„Nur solches*

der Moderne, sozusagen der zweiten revidierten Auflage, müsste es heißen: »*Es gibt keine Kopfgeburten, das war ein Übersetzungsfehler des Autors. Wir bitten dies zu entschuldigen.*«

Das Subjekt agiert, ontologisch gesprochen, als Flussbett eines eindringenden Anderen, welches hindurchfließt ohne es in Besitz nehmen zu wollen – entsprechend eines Dichters oder Tagesträumers, der die Dinge betrachtet, ohne sie bewerten zu müssen. Deswegen der liminale Taumel. *„In der gesamten Tradition nennt man* **Engel** *diejenigen, die nicht Botschaften, sondern [seismographische] Erschütterungen der Seele übertragen.“*[284] Dies zeigt sich im Unterschied zwischen dem Pathos eines Behandelns und dem Pathos eins Rettens, ganz im Sinne eines humanen Imperativs Ernst Jüngers: »*Das positive Gegenstück von Mitleid ist der Schutz*«. In dieser Schutzbefohlenheit müssen die *„Exilanten des Inneren [welche] sich selbst vertrieben“* haben“[285] betrachtet werden. Denn in der

---

Denken ist hart genug die Mythen zu zerbrechen, das sich selbst Gewalt antut“ (Horkheimer 2003, S. 10).

[284] Latour 2018, S. 419; Zusatz: C. H.

[285] ebd., S. 164; Zusatz: C. H.

conditio humana zeigt sich: *„Die Psychogene zirkulieren lassen ist nicht dasselbe wie sich von Engeln erschüttern lassen."*[286]

Erschütterungen beim Mensch-Sein sind immer Anzeiger einer Austauschbeziehung mit dem Anderen. Sie bilden die temporären Brücken aus der Moderne heraus. In diesen Momenten sind wir ganz vormodern. Denn wie Latour vermerkt: *„Das Ich ist endgültig zum Anderen geworden."*[287] Über Erschütterungen mit dem Anderen wird das *„SEIN-ALS-SEIN"* zu einer Alterität – im Sinne einer *„Identität*

---

[286] ebd., S. 420. *„Die Frohe Botschaft informiert nicht. Informationsgehalt gleich null."* (ebd., S. 429) *„Das Mana vergiftet, sobald man es versucht zu horten."* (ebd., S. 432) *„Wenn man es nicht erneuert, ist es verloren, verdunkelt; wenn man es erneuert, ist es tatsächlich dasselbe.* **Gibt man nicht »Gott« den Namen der Wiederaufnahme: »Der, der ist, der war und der kommen wird«?"** (ebd., S. 431)

[287] Latour 2018, S. 278. Vgl. hierzu auch Thiemer 2016, S. 185: In ihrem Beitrag *»Sein-als-anderes«* hebt sie diesen Ansatz, als Essenz zu Latours Existenzweisen der Metamorphosen (auf die weiteren der »[REP]roduktion« und »[Gew]ohnheit« in ihrem Beitrag wird in dieser Arbeit nicht eingegangen, um den Kontext nicht zu sprengen) zum einen über ihre gewählte Überschrift hervor und zum anderen über ihre Platzierung von Latours Zitat: *»Endlich ist ich ein Anderer!«* direkt unter der Überschrift. Vgl. hinsichtlich dieses Ansatzes auch Bastian zit. nach Köpping 1987, S. 21: *„Das Andere, das in uns denkt"*; sowie Köpping 1987, S. 21: *„Ethnologie als Menschlichkeit des Andersseins".*

*stiftende[n] Verschiedenheit zweier aufeinander bezo-
gene[n], sich bedingende[n] Identitäten"*[288], bzw. einem
„Selbst, [dass] seinem Außen begegnet"[289] –zu einem
„SEIN-ALS ANDERES"[290]. Die Lücke ist nun göffnet,
Metamorphosen bzw. Wesen von Unsichtbaren strö-
men ein und der Zustand eines In-sich-selbst-Verhar-
rens wird gesprengt.

---

[288] Duden Wörterbuch, Zusatz: C. H.
https://www.duden.de/rechtschreibung/Alteritaet#bedeutungen
[289] Dorsch Lexikon der Psychologie, Zusatz: C. H.
https://dorsch.hogrefe.com/stichwort/alteritaet
[290] Latour 2018, S. 239; Zusatz: C. H.: *„Da es keine übliche Vokal [sic]
gibt, um die Trajektorien [ganz im Stile einer Nutzung eines
Vektors, als Transportgerät] der Instaurauration zu bezeichnen
[…], führen wir ein wenig Jargon oder Terminologie ein und
schlagen vor, zu unterscheiden zwischen dem SEIN-ALS-
SEIN" und dem „SEIN-ALS-ANDERES".* Vgl. hierzu ebd., S.
240: *„Vom Sein-als-Sein kann man nur einen einzigen Seinstyp
ableiten, von dem man auf mehrere Arten **sprechen kann**;
während wir versuchen werden, zu definieren, auf wie viele
verschiedene Arten das Sein sich ändern, alterieren kann, durch
wie viele **andere Formen von Andersheiten** es in der Lage ist,
sich hindurchzuschlängeln, um fortzufahren zu existieren."*
Vgl. hierzu auch Thiemer 2016, S. 193; Zusatz C. H.: *„[Met]
zieht Trajektorien mit sich, den Einbruch (Hiatus) im Sein-als-sein,
was sich Latour zufolge im ersten Schritt anhand des
Ergriffenwerdens, das jeder kennt, aufweisen lässt. Latour
beschreibt den Existenzmodus [MET] in Hinblick auf existenziale
Erfahrungen, die den Menschen treffen und ihn grundlegend
erschüttern, ihn verändern, ihn anders werden lassen
(Transformation). Dieses Ergriffenwerden von immateriellen
Kräften wird von Seiten der Modernen umgedeutet [,bzw.
verleugnet]."*

Aus der Perspektive eines Erschüttertseins betrachtet, gleicht die Moderne einem *Geschenk von
Ausquetschungen*, denn eine originale Kraft zeichnet
sich immer darin aus, dass sie im Bekannten unge-
ahnte Reserven, man könnte auch von Andersheiten
sprechen, entdeckt. Sie müssten einer *»Unterlassungsklage«* für schuldig gesprochen werden. Denn
*„der Faden mit dem der Wurm sich fesselt, ist derselbe der
den Schmetterling befreit"* (Ernst Jünger). Da die Modernen jedoch die Metamorphosen verweigern, bleiben sie in ihrem selbstreferentiellen Bezugssystem
stecken und können sich nicht in die Wesenhaftigkeit
des Schmetterlings transformieren.

Diese Passage verweigert die Moderne rigoros in
ihrer narzisstischen Selbstverharrung, was zu einer
Kultur der Wurmhaftigkeit führt. Durch das Nicht-
Einhalten des menschlichen Maßes kann auch keine
wirkliche Größe dastehen. Denn *„[...] es ist nicht
Größe, die an ihm sichtbar wird, denn diese hat für das
Auge und die Einsicht etwas Abmeßbares; sie wird erst
durch das Maß begründet. Wo kein Maß ist, kann es nichts
Großes geben; da ist nichts abzumessen"*[291]

Auf den breiten Heeresstraßen der Planierungen
des Logos werden Dinge übersehen, die achtlos am

---

[291] Jünger, F. 1947, S. 116

Straßenrand liegen und nur darauf warten bis sie ein-
sammelt werden. Wer nur geradeaus schaut[292], ver-
gisst sich manchmal umzudrehen. C. G. Jung er-
schließt uns diese ontologische Lücke der einseitig
befahrenen Wege aus psychologischer Perspektive:

*„Wie die einzelnen Individuen, so haben auch Völker
und Zeiten ihre eigentümlichen Geistesrichtungen oder
Einstellungen. Schon das Wort Einstellung verrät die notwendige Einseitigkeit, die mit jeder bestimmten Richtung
gegeben ist. Wo Richtung ist, ist Ausschließung. Ausschließung aber heißt, dass so und so viel Psychisches, das
mitleben könnte, nicht mitleben darf, weil es der allgemei-
nen Einstellung nicht entspricht. Der normale Mensch
kann die allgemeine Richtung ohne Schaden ertragen; der
Mensch der Seiten- und Umwege, der nicht, wie der Normale, auf breiten Heeresstraßen gehen kann, wird es daher
sein, der am ehesten das entdecken wird, was abseits der
großen Straße liegt und aufs Mitleben harrt."*[293]

Folglich bedarf es einer Kultur der Unangepasst-
heit, um die Erschütterungen wieder zu beleben, als
ontologische Lücke in eine Mitte der Hybriden zu rü-

---

[292] ganz nach dem Slogan: »Vorwärts immer, rückwärts nimmer«,
Honecker, Erich 1989: Festansprache zum 40. Jahrestag der
DDR

[293] Jung 1993, S. 49

cken, um die wilde Natur das Daseins über ein Zulassen des »*Wilden Denkens*« (Claude Lévi-Strauss) wieder einzupflanzen. Dadurch kommt es zu einer Rückerstattung des »*Privi-legiums*«[294], als Herausbildung von Eigenarten.

Die Persistenz einer Persönlichkeit ist nicht einem grundlegenden autarken Kern in Form eines starren Egos geschuldet, wie es uns die cartesianische Lehre vorgibt. Sie wird durchströmt von Diskontinuitäten, im Stil eines Passierenden, der Wesen zulässt. Bleibt man – Latour folgend – der »*wirklichen*« Erfahrung – als einer Wirklichkeit, welche der Realität absurd ist, treu, so spürt man aus dem »*Anwesen*«[295], eine

---

[294] vgl. Duden 2020, S. 650: privus *lat.* »*für sich stehend, einzeln, eigentümlich*«. Über die Tilgung der Eigenart erst kommt es zum „Imperium der Massen […], denn *wie es in Nordamerika heißt: Anderssein ist unanständig. Die Masse vernichtet alles was anders, was ausgezeichnet, persönlich, einbegabt und erlesen ist. Wer nicht »wie alle« ist, wer nicht »wie alle« denkt, läuft Gefahr, ausgeschaltet zu werden. Und es ist klar, dass »alle« eben nicht alle sind. »Alle« waren die komplexe Einheit aus Masse und Andersdenkenden, besonderen Eliten. Heute sind »alle« nur noch die Masse.*" (Gasset 1960, S.11 f)

[295] vgl. hierzu Kluge 1999, S. 45: Substantivierung zu dem mittelhochdeutschen Verb (< 15 Jh.) *anewesen* mit der Bedeutung *„da sein, dabei sein"*, im Sinne einer Wesensteilnahme, einer »*An-Wesenheit*«. Dasein ist in Form eines Anwesens zu begreifen, als Eigentum, über die Herausbildung einer Eigenart, denn Eigentümlich bezieht sich immer auf Eigentum. Eigentum hat somit mit dem Anwesen zu tun; mit dem eigenen Wesen, das heißt es kann

Kraft die von Außerhalb kommt, während die offizielle Wiedergabe vorgibt, sie sei nur eine Geburt der Eingeweide, eines inneren Vorgangs.

Die Beschreibung der Psychotropen, äußert sich *„als Kraft, die das Menschliche übersteigt. Sie trifft Menschen, die von ihr ergriffen werden"*[296], im Taumel stehen, im Bann stehen. Dieser Bann wird in der Moderne verbannt, als Aberglaube stigmatisiert und in eine Tabuzone des seelisch Unberührbaren deportiert, denn es handelt sich um die offenkundigst immateriellsten Wesen: *„»Ich weiß nicht, was in mich gefahren ist«, »ich war außer mir«, »ich konnte mich nicht mehr kontrollieren«. Nennen wir diese Erfahrung eine Krise [- die Wohlstandsbecken und Komfortzonen eines Bei-sich-sein werden verlassen]. Und da man dabei stets*

---

sich nur auf das eigene Leben beziehen und kann deshalb von einer Norm nicht beurteilt werden. Es wird aber dennoch von der Norm benutzt, um die Welt einzuteilen. Eigentum lässt sich aber nicht nach Maßstäben einteilen. Deshalb entspricht jede Norm einem verdrängten Dasein, als Eigentum, die versucht, in Form eines Schmelztiegels Eigentum abzuerkennen, einzuschmelzen und zu kanalisieren. Der Mensch kann über die genormten Wege nicht mehr anwesend sein, da ihm sein eigenes Wesen, als Wesentliches, abhandengekommen ist. Folglich wird er zur Schattengestalt, zu einem *»Melting Pot«*, welches keine anwesenden Konturen besitzt. Das Gestalthafte wird – über die *»Ab-Wesenheiten«* der Metamorphosen - auf die Funktion reduziert.

[296] Latour 2018, S. 277

»*ergriffen*« *wird, nennen wir sie eine Krise des Ergriffen-werdens.*"[297]

Diese Krise des Ergriffenseins drückt sich auch im Dilemma des Schöpferischen, jenseits des unterkühlten modernen Verstandesmenschen aus, denn *„das Sichtbarwerden von Geistigkeit ist Ergriffenheit.*"[298] Der Funke eines Gezündetseins springt immer weniger über. Im alten China waren sich die Menschen bewusst über den tiefen Zusammenhang zwischen Krise und Wandlung. Den Begriff den sie für Krise verwenden, »*wei-ji*«, setzt sich aus den Schriftzeichen für »*Gefahr*« und »*gute Gelegenheit*« zusammen.[299]

Der Kategorienfehler der skizzenhaft über allem steht und auf den Latour als *corpus delicti* aufmerksam macht, ist, dass die „*Dignität des* **subjectiven**

---

[297] ebd., S. 277; Zusatz: C. H., vgl. zur »*Krise des Ergriffenwerdens*« auch Thiemer 2016 194 f; Zusatz C. H.: „*[Diese Kräfte] können beunruhigend sein; sie widersprechen der einfriedenden Setzung eines mit sich identischen Kerns, der sich nicht mit Fragen der Differenz, der Diskontinuität, des Anderswerdens (in der Zeit) auseinandersetzen. Latours These ist nun, dass gerade diese Erfahrung den Existenzmodus der »METHAMORPHOSE« zum Ausdruck bringt. [MET] ist eine real erfahrbare [nicht hinter oder überweltliche] und nicht irrationale Existenzweise. Sie zeigt sich bspw. in einer »Krise des Ergriffenwerdens« (Latour). Man weiß nicht was mit einem geschieht. Man wird von ,etwas' mitgerissen, ergriffen.*"
[298] Hölzel 2021, S. 423
[299] vgl. Capra 1991, S. 21

(fundierten) Bewusstseins [...] überhöht [wird], die Exis-
tenzweisen, die ‚außerhalb' des cartesianischen Cogi-
tos/Bewusstseins geschehen, sich ereignen, werden nivel-
liert – sogar eher unterlaufen".[300]

„Noch erstaunlicher: Sie [die Modernen] werden sich
mit Herablassung über die »anderen Volksstämme« oder
diese »Mistbauern« mokieren, die gezwungen sind,
»noch« am die Hexerei zu glauben, sich mit Hilfe von Fe-
tischen oder Amuletten zu schützen, nach einem Entzau-
berer zu rufen und bei einem Schamanen vorbeizugehen,
um ihre Träume interpretieren zu lassen. Ja, der Regenbo-
genpresse-Abonnent, ja der von Rauschmittel übersättigte,
auf dem Diwan liegende und, um nicht kleinlich zu sein,
der seinen langen Trupp an Therapiehilfskräften noch ei-
nige Wahrsager, Gurus, importierte Fetisch-Anfertiger,
Osteopathen, Seherinnen und Seher, Zen und diverseste
Scharlatane hinzufügende Modernist (unter dem Vor-
wand, dass »das ja nichts schaden kann«) glaubt, dass die
anderen an äußere Wesen glauben, während er »genau
weiß«, dass es sich um »nichts als« interne Repräsentati-
onen, innere Vorstellungen handelt, die auf eine Welt pro-
jiziert werden, welche selbst des Sinns entbehrt ... Um es
zu beweisen, wird er sich totlachen über die Abrakadabras
der dunkelhäutigen Scharlatane, während er das geläufige

---

[300] Thiemer 2016, S. 194; Zusatz: C. H.

Kauderwelsch der »wissenschaftlich gewordenen Psychologie für einen »radikalen epistemologischen Einschnitt« in der Geschichte der »abendländischen Vernunft« hält."[301]

Jedoch wird gerade über das Verteilen von Plausibilitäten und Etiketten, der Weg verwehrt für eine inhaltliche Auseinandersetzung, im Stile einer frei schaffenden Einbildungkraft. „Die Modernen klagen andere dieser Irrationalität an, andere, die sich bspw. »den ganzen Tag und die ganze Nacht an Wesen richten, die sie sehr wohl, wenn auch nur in der Praxis, für Kräfte halten, die sie übersteigen, unterdrücken, beherrschen, entfremden«."[302]

Um ontologische Luken aufzubrechen, um bei den Metamorphosen wieder anknüpfen zu können, geht es um ein Installieren von Assoziationsschleifen aus einem Pool von Assoziationen, ganz im Stile einer zirkulierenden Referenz. Die Isolation des einseitigen Verstandes wird durchbrochen, wenn der Vorgang zu einem Geschehen erweitert wird, aus dem Denkbilder herausströmen, die zum Gebilde einer

---

[301] Latour 2018, S. 272 f
[302] ebd., S. 271

»*Bildmontage*« (Erich Kästner) genutzt werden können.[303] Die Sprache operiert als ein Träger des Seins

---

[303] Der Zustand der postmodernen Ungewißheit hängt „[…] *mit
dem Fortgang des wissenschaftlich exakten Wissens"* (Jünger, F.
1953: 9) zusammen. Das heißt, in der technisch gewordenen
Sprache der Wissenschaft ersetzt das logische Denken das
assoziative und somit geht die bildhafte Ausdruckskraft der
Begriffe verloren (vgl. Rico 1996: 27ff.), da nicht mehr aus
einem Netz heraus geschrieben wird.

Im Altenglischen konnten Farbwörter nicht mit
Farbbezeichnungen gleichgestellt werden, wie sie die
moderne objektivierte Handhabung – im Sinne einer
Zeichenhandhabung – verwendet. Sie haben noch jenes
miteinbezogen, was wir heute anderen Sinnesbereichen
zugeordnet haben und dadurch mit separaten Begriffen
bezeichnen. »*Sweorc*« bedeutete, als Beispiel, „*dunkel-
schaurig-verhüllt"*, »*grene*«, „*grün-fruchtbar-günstig"* (Leisi,
1959, S. 310). Diese Denkbilder sind noch über ein Erleben
begreifbar, da sie nicht das rein funktionelle eines Vorgangs
berühren, sondern die Assoziationsnetze über ein
Einbeziehen des Anderen ausgeworfen sind.

Um auf die »*Merkzeichen*« Friedrich Georg Jüngers zu
kommen: „*Wer die Sprache reinigt, ohne sie zu bereichern, der
schwächt sie."* (Jünger, F. 1949, S. 24) Denn, „*die Sprache ist kein
Mittel des Geistes, sie ist Geist. Wer sie als Mittel handhabt, ist
geistlos."* Das bedeutet, „*niemand hat mehr Geist, als er Sprache
hat."* (Ebd., S. 19) „*Es geht um ein Hineinlegen, denn wer auslegt
der legt hinein – das ist die Formel allen Verstehens."* (Jünger, F.
1947, S. 11) Der logische Verstand ist nicht fähig
hineinzulegen, auch im Sinne einer ontologischen
Lückenlehre, als Bereitschaft das Andere einströmen zu
lassen – er kann nur auslegen. Nur ein Wechselspiel
zwischen logischem Verstand und bildhaften Denken, bzw.
linker und rechter Gehirnhälfte (vgl. Edwards, S. 40-59)
ermöglicht ein komplettes Erfassen im Sinne des Begreifens.

als Standflächen im »*tourbillon sociale*« *(Rousseau, 1762)* des entfremdenden, bezugslos gewordenen Ich. „*Wie Rilke meint, sind vielleicht alle Monster in unserem Leben nur Prinzessinnen, die uns um Hilfe bitten.*"[304] Es ist dieselbe Assoziationskraft einer Gestaltwandlung des Frosches in den Prinzen[305], als Erlösungsbeitrag einer Wiedererweckung. Denn „*wie konnte man abwarten, dass sie dahin gelangten, Monstren der Verwandlung in eine Innenwelt zu verlegen?*"[306]

Latour würde sagen, man müsste sich über eine Vervielfältigung der Transformation „*nach vorn in die Existenz werfen*"[307], um das unmittelbar Werdende wieder absorbieren zu können und nicht, als der Erkenntnis Nachgeordnetes, in eine Kanalisation des schon Geschehenen zu extrahieren. Denn „*als wir die Psychen extrahierten, hatten wir uns gefragt, wie man die Modernen therapeutisch behandeln könnte, wo es keine Institution gab, die ihrem Verkehr mit den Metamorphosen*

Wer nicht hineinlegt und die Sprache nicht bildhaft fasst, kann nur die Oberfläche eines Zusammenspiels beschreiben, der Inhalt bleibt unberührt.

[304] Latour 2018, S. 292
[305] vgl. Brüder Grimm 1815: Der Froschprinz, vgl. hierzu auch Döbereiner
[306] Latour 2018, S. 368
[307] ebd., S. 397

entsprach: *Aber wie kann man sie retten, wenn es ihnen gelungen ist, auch diese Botschaft beiseite zu schieben."*[308]

„Solange wir im Schöpferischen selbst befangen sind, sehen und erkennen wir nicht, wir dürfen sogar nicht einmal erkennen, denn nichts ist dem Erleben schädlicher und gefährlicher als die Erkenntnis."[309]

Damit Ich wieder ein Anderer ist, muss das Dasein wieder vor die Erkenntnis gesetzt werden, um auch die Dinge *„die in Distanz zu uns stehen"*[310] zu absorbieren. Für Simmel ist der objektive Wert ein Synonym *„mit dem begehrenden Ich"*[311]. Denn *„wenn es etwas gibt, was verrückt macht, dann ein autonomes »Ich« ohne Bindungen und ohne Besitzer [indem wir] den Wesen der Metamorphose [...] allein unter dem Modus der Bedrohung und der Täuschung begegnen"*[312].

Kokons sind Schutzpanzer und sicherlich für verschiedene Wegstrecken lebenserhaltend. Jedoch wird es zur Gefahr, wenn sich das Leben durch einen Ausschluss des Anderen über eine Komplettabschottung mumifiziert. Denn ein Kokon bringt eine Einschränkung des Bewegungsapparates mit sich. Auch das Blickfeld ist eingeschränkt. Dies dient dazu, den

---

[308] ebd., S. 433

[309] Jung 1993, S. 44

[310] Simmel 2001, S. 19

[311] ebd., S. 13

[312] Latour 2018, S. 416; Zusatz: C. H.

Blick nach innen zu wenden, um nicht aus sich herausgerissen zu werden. Über diesen inneren Kochtopf bleibt das Ich in einer Gärung der Selbigkeit, im Schmortopf einer Selbstbeziehung stecken.

Ein Kokon ist somit eine Daseinsregulierung mit einem eingeschränkten Stoffwechsel. Jedoch kann die Schutzwand zum ideologischen Käfig und zum inneren Gefängnis mutieren, wenn Daseinsregulierungen nicht eingeleitet werden können über eine Verweigerung von Metamorphosen, denn *„überflüssig ist das sich selbst Genügende, notwendig das sich selbst nicht Genügende"*[313].

Das Heraustreten aus der Kokonhülle ist nur über eine Zerstörung dieser möglich und bei den mächtigeren Gemeinschaftskokons bedarf das einer Kraft in der das ganze Herzblut gebündelt ist. Anstelle der Bündelung tritt jedoch meist eine narkotische Trägheit und der Blick nach draußen bleibt versperrt. Die Folge ist, dass geistige Landschaften nicht mehr betreten werden, damit ganze Daseinshorizonte ausgeblendet werden und gesamte Erlebniswelten unerschlossen brach liegen. Selbst einzelne Freigeister entpuppen sich als Sicherheitsverwahrer, indem sie einen in einen ideologischen Kokon verpuppen wollen. Das Experiment des Lebens erstarrt in seinem

---

[313] Jünger, F. 1949, S. 63

Kokon der Sicherheit. Das Übergangsstadium mumifiziert sich.[314]

---

[314] Der Prozess der Metamorphose darf nicht durch äußere Meinungsleitschienen zurechtgestutzt werden, sonst kommt es zum »Diebstahl der Krise«. Vgl. hierzu Döbereiner: „Wenn man in der Krise ist, ist es am besten, wenn kein Therapeut in der Nähe ist, sonst kommt es zum Diebstahl der Krise."

Arno Gruen schrieb in seinem Buch »Der Wahnsinn der Normalität«: „Der Wahnsinn der »Realisten« ist ihre Leugnung des Menschlichen unter dem Deckmantel der Sorge für den Menschen" (Gruen 1989, S.184), denn „eine Individuation scheint wie eine kleine Schwangerschaft. Erst wenn das Kind geboren ist und alle es sehen können, können sie es verstehen." (Wittmann 1995, S. 57). „Wer meint alle Früchte würden gleichzeitig mit den Erdbeeren reif, versteht nichts von den Trauben." (Paracelsus 2002, S. 124)

II.4. Der Dritte Raum:

»*Rituelle Invasoren als Füllorgane der Desertierten*«

Wie aufgezeigt wurde, war der eigentliche Verfassungsbruch, der die Moderne als pathologisch zu den bisherigen Verfassungen im Sinne einer gelebten Praxis definiert, die Verweigerung der Anerkennung der »*invisible beings*«. Dieser führt über eine Umkehrung des Ausschlussverfahrens zu Räumen des Dritten, zu Referenzketten die das Unterlaufene in einer *„Totalität in Gang"*[315] halten, als Lebensform herausbilden, wie sie im Soundsystem Spiral Tribe gezeitigt wurden und sich auf der kulturellen Landschaftskarte als weiterziehende Kreise ausgebreitet haben. Denn im Fokus des über die Subjekt-Objekt-Spaltung ausgeschlossenen stehen *„Rituale, die Psychen hervorbringen"*.[316]

Das heißt der Tanztaumel muss zum Korpus der Ergriffenheit hinzuaddiert werden, um ein Geschehen wieder entflammen zu können und aus den Vorgängen des binären Systems in eine *„fortgesetzte*

---

[315] vgl. hierzu Mauss *„System der totalen Leistung"* (Mauss 1994 [1923], S. 22), welches auch als ein System der Ganzheit zu bezeichnen ist, denn *„wir habe es mit »Ganzheiten« zu tun, mit gesellschaftlichen Systemen in ihrer Gesamtheit"*. (ebd., S. 177)
[316] Latour 2018, S. 412

Schöpfung"[317] zu kommen, um im Rahmen der ethno-psychiatrischen Behandlung der Divergenz Moderne/Vormoderne die Besitzer wieder besessen zu machen. Denn *„die Kontinuität eines Ichs wird nicht durch seinen authentischen und gewissermaßen ursprünglichen Kern sichergestellt, sondern durch seine Fähigkeit, getragen zu werden, ohne sich hinreißen zu lassen, von Kräften, die in jedem Moment in der Lage sind, es zu zerbrechen oder, im Gegenteil, sich in ihm einzurichten."*[318]

Durch ein Unterlaufen des Getragen-werdens, als Instanz des Dazwischenliegenden, kommt es zu einem Drang, als Rücklauf des Liminalen. Das Staubecken, als ontologischer Modi eines Sehnsuchtsbeckens, steigt mit dem Grad der Unterwanderung. Liminal wird es in diesem Aushandlungsprozess, wenn man *„sich hinreißen"* lässt. In diesem Moment wird man ganz das Andere bis die Identität wieder zurückkehrt. In diesen Positionen befindet sich der Raver, der der Versuchung erliegt und ganz in diesen »*Traumzeiten*«[319] versinkt.

---

[317] ebd., S. 343

[318] ebd., S. 285

[319] »*Traumzeit: Über die Grenzen zwischen Wildnis und Zivilisation*« (1978) ist ein Buch des Heidelberger Ethnologen Hans-Peter Duerr, der veränderte Bewusstseinszustände im Kontext von Schamanismus und europäischer Hexerei erforscht.

Die Einrichtungen der bisherigen Existenz werden hierbei über Bord geworfen. Jedoch kann als Postulat des Werdenden nach Hölderlin gegen die Sicherheitsverwahrer der Existenz[320] entgegengesetzt werden „*Wo Gefahr ist, wächst das Rettende auch.*"[321] Im Umkehrschluss kann jedoch nur Rettendes erwachsen, wenn die Gefahr aufgesucht wird, als Vorgang einer mythischen Wiederbelebung des Dionysischen, indem das »*Zerrissene*« der Identität, als fruchtbare Psychose, zum »*Sorgenlöser*« und »*Reichtumspender*«[322] umgetauft wird. Die Derivate des Bösen werden, »*Jenseits von Gut und Böse*« in einem Aushandlungsprozess, als Instanz des Dritten, zu Derivaten

---

[320] Als Kompoststätte des Werdenden kann ganz nach der Genealogie der Moral einer Nietzschen Umkehrung eines ungeschützten Daseinsverkehrs abgeleitet werden: „*Die Empfindung der Geborgenheit hat der ungeborgene Mensch, und er hat sie in dem Maße, in dem er bedroht ist und sich bergen muss. So schützt sich nur der, der des Schutzes bedürftig ist.*" (Jünger, F. 1943, S.112)

[321] Hölderlin 1808: Patmos, 1. Strophe, Vers 1 - 4

[322] Dionysos durchbricht, über seinen Widerspruch, die Folgerichtigkeit des Eindeutigen. Er ist der „*Feuergeborene* (πυριγενης), der *Feurige* (πυόεις), der *Vielgestaltige* (πολυειδὴς καὶ πολυμορφος), der *Zweigestaltige* (δίμορφος), der *Zerreißer* (ανϑρωπορραίστης), der *Freudenreiche* (πολυγηϑὴς), der *Reichtumspender* (πλουτοδότμς), der *Lärmende* (κτυπητής), der *Löser*, der *Sorgenbrecher* (λυαῖος), der *laute Rufer* (Επιβόας), der *Rasende* (μανικός)", vgl. hierzu Knörzel [Bearb.] 2012, S. 4

des Guten. In Rom galt: »*morbus sacer, morbus divinus*« – die Krankheit ist heilig, die Krankheit ist göttlich, denn „*die Ahnung, dass das Phänomen der Krankheit mit dem Geheimnis des Werdens eng verknüpft sei, war zu allen Zeiten weit verbreitet. […] Die hohe Wertschätzung, die dem Leiden in so vielen Religionen eingeräumt wird, hat ihre Wurzel in der Überzeugung, daß es die Lebensfunktionen nicht etwa herabsetzt, sondern steigert und zu einem Wissen führt, das dem Gesunden verschlossen bleibt.*"[323]

Wenn jedoch „*in der Begegnung zweier Parteien* [im Sinne des binären Codes einer Subjekt/Objekt- bzw. Natur/Gesellschaft-Trennung] *keine von beiden Seiten einen hegemonialen Anspruch mehr geltend machen kann – einen Anspruch, der das Fremde in das Eigene zurückführt […], dann ist eine neue Grammatik kultureller und epistemologischer* **Verhandlungen** *nötig, die mit den herkömmlichen* [– *dual operierenden Mitteln eines Ordnungssystems,*] *nicht zu erzielen ist.*"[324]

„*Während beispielsweise neuzeitliche Kategorien wie* »*Monstrosität*« *oder* »*Groteske*« *ihren Sinn oder Unsinn daher beziehen, dass sie aus der Ordnung der Dinge ausscheren (in Form taxonomischer Verwirrung oder eines*

---

[323] vgl. hierzu Friedell 1976, S. 65
[324] Koschorke 2010, S. 13

karnevalesken Intermezzos), ist das etymologisch ver-
wandte Konzept der Hybridität, wie es vor allem in den
1990er Jahren weltweit diskutiert wurde, nicht auf die Ab-
weichungen einer Übergangsphase beschränkt. Es versteht
»Zwischen-Sein«, auf allen soziokulturellen Ebenen vielmehr als Signum einer paradoxen, weil nicht mehr nor-
mierbaren »Normalität« der (Post)-Moderne.“[325]

Rituelle Invasoren, wie die des über Spiral Tribe
neu aufkommenden Freetekno in den neunziger Jahren, bilden über die „Denkweise des Dritten“, als
Füllorgane des Liegengelassenen nun *„Mischungen
und Bastardisierungen binärer Zurechnungskategorien*
[nach Latour würde man sagen *„haarige Objekte“*[326]
bzw. Verunreinigungen welche über die schmutzi-
gen Aushandlungsprozesse mit der Realität fern eines Laborzustandes entstehen; also], *groteske Missbil-
dungen [und] monströse Zwittergeschöpfe.“*[327]

---

[325] ebd., S. 14

[326] vgl. hierzu Latour 2001b, S. 37: *„An die Stelle von risikolosen,
kahlen Objekten, an die wir bis jetzt gewöhnt waren, treten
riskante Verwicklungen, haarige Objekte.“*

[327] Koschorke 2010, S. 13

Über diesen »Dritten Raum«[328] wird der Raver zur Hexe[329], zur Manifestation einer Schwellenkonstruktion, in der die Gegenwart die Eigenheit hat ewig und zugleich nur einen Augenblick lang zu existieren. Durch dieses Paradoxon, dass er da ist und stets schon im Verschwinden begriffen ist, *„wird der Ausnahmezustand gewissermaßen auf Dauer gestellt"*[330] und *„die Figuren des Dritten [welche als] literarische Helden inkorporieren [und] das „liminale[…] »Spiel auf der Schwelle« [über] eine Dynamik der Indirektheit innerhalb kognitiver, affektiver und sozialer Strukturen, [die] nicht allein in sich unruhig sind, sondern auch auf Seiten des Beobachters wandernde Blickpunkte erzwingen"*[331]; ganz

---

[328] Der »Dritte Raum« ist auch ein Techno-Projekt, welches sich Anfang der 90er Jahre gründete und innerhalb der Technoszene sich vor allem durch Livacts einen Namen machte. Vgl. hierzu auch: http://www.der-dritte-raum.de/.

[329] vgl. hierzu Duerr 1985, S. 31; Zusatz C. H.: *„Es gibt den Tag und die Sonne bringt es an den Tag. Und was im Dunkel bleibt, das braucht uns [angeblich] nicht zu interessieren. So wie der Tod: wo du bist ist er nicht, und wo er ist, bist du nicht, ihr könnt euch nie begegnen. Aber es gibt bekanntlich auch die Dämmerung, insbesondere an Orten, wo Fuchs und Hase sich gute Nacht sagen, wo die Konturen miteinander verschwimmen und wo die Bereiche ineinander übergehen: an der Grenze, an der Hecke, am Zaun. Im Mittelalter hieß Hexe `hagazussa´, die, die auf dem Zaun sitzt."*

[330] Koschorke 2010, S. 13
[331] ebd., S. 18

im Sinne des weiter oben aufgeführten archimedischen Punktes, wie wir ihn unter Aristoteles ganz vormodern als springenden, beweglichen Punkt fern jedes Fixierenkönnens begreifen.

Diese unsichtbaren Zwischengeschöpfe finden nun über eine *„tausendjährige «Atmosphäre» einer Tanzparty"* über Wege des Dritten Einzug in eine Start- und Landebahn als Wiedereinzug der *»invisible beings«*. Die Einzüge sind über den Diskurs der Liminalität im Fokus der Rave-Society - als einen Tanz auf dem Vulkan - einsehbar und zu dechiffrieren.

„Der Begriff des Liminalen [trat] seinen Siegeszug sowohl in den Kultur- als auch Kunstwissenschaften an."[332] Der Anthropologe St. Johns ergänzt hinsichtlich der elektronischen Tanzmusik: *„One concept I have found invaluable for navigating the increasingly incoherent— and explosive—social landscape is that* of **liminality**.*"*[333]

---

[332] Fischer-Lichte 2009, viii.

[333] Horsley, Jasun @; Der französische Ethnologe Arnold van Gennep prägte in seinem Hauptwerk *»Les rites de passage«* 1909 das Konzept der Passagenriten bezogen auf eine Dreiphasentheorie der Trennung, des Übergangs und der Anknüpfung – als eine Figur des Dritten. Vgl. hierzu Turner 2009, S. 34: *„Was mich betrifft, fühlte ich mich durch einige Implikationen des Werks von Arnold van Gennep [...] mit dem Titel Übergangsriten, das 1909 auf Französisch erschien, zum Studium symbolischer Gattungen in großen, komplexen Gesellschaften hingezogen. [...] Van Gennep unterscheidet bekanntlich drei Phasen in einem Übergangsritus:*

Denn der Drang aus dem Profanen, Alltäglichen auszubrechen, um über eine Liminalität die Zeit neu
auszuhandeln, besteht auf eine ahistorische Weise im
Menschsein, nur in verschiedenen kulturellen Ge-
wändern.[334] Über die Sinnentleerung und die postmoderne Entzauberung der Welt suchen viele Ju-
gendliche den Ausbruch in eine Antistruktur des
Außeralltäglichen und Freetekno bildet hierfür eine
Plattform das lineare Nacheinander zu durchbrechen, den angestauten Zeitrucksack abstellen bzw.
eintauschen zu können, um im Hier und Jetzt in eine
Zwischenzone des Erlebens einzutauchen und ex nihilo das Leben als Andersheit zu empfinden. Im

---

Trennung, Schwelle bzw. Umwandlung und Angliederung".
In *The Ritual Process (1969)* hat Turner den Zustand, der in
der Schwellenphase hergestellt wird, erstmals, als Zustand
der Liminalität – von lat. *limen*, die Schwelle – bezeichnet.

[334] vgl. hierzu Ivanov 1993, S. 220: *„Das Auslöschen struktureller
Kategorien in der Schwellenphase ist nach Turner die Vorraussetzung
für den Zustandwechsel. [...] Die Umsetzung von solchem virtuellen
Wissen in eine »Gnosis«, d. h. ins mystische Wissen über Natur und
Ursprung der Dinge, erfolge nun durch die in der liminaren [sic] Phase
erteilte heilige Instruktion (»Übermittlung des sacra). [...] Dabei
komme ein zweiter wichtiger Aspekt der Liminarität [sic] zur Geltung,
nämlich der Ansporn zur spielerischen (»ludischen«)
Neukombination."* Die ehemals heiligen Objekte werden dabei zu
*„ungewöhnlichen, bizarren, teilweise monströsen Gestalten neu
verbunden"*, die Ivanov im Zuge einer Verfremdung als *„liminare
[sic] »Monstren« und disproportionierte Figuren"* bezeichnet.

Durheimschen Verständnis von «*Ritual*» als ein wirksames sozialreligiöses Phänomen, das dazu dient, Individuen bzw. Gruppen von dem alltäglichen Zustand des «*Profanen*» in einen außeralltäglichen Zustand des «*Heiligen*» zu überführen, verstand Victor Turner Symbole, Rituale und Religion als Prozesse, an denen Individuen und Gemeinschaften voll beteiligt sind.[335]

Wenn in einem Zwischenstadium der Ambiguität ein Sowohl-als-auch regiert, bedarf es einer Figur des Dritten als Vermittler. Dieser Daimon, fern des Ratios, entzieht sich vielmehr dem Kalkül, welches in sich elementar und titanisch ist, denn hier wird das Ich zu einer Tragbahre einer Willenlosigkeit, als Sprengsatz einer nicht mehr tragbaren, wuchernden Willensanhäufung. Diese andere Seite ist im Sinne einer Rückseitendeutung des Erscheinenden, über einen Einzug von Zwischenwesen, welche sich allen intellektuellen Zwangserpressungen entziehen und sich eher über Strategien des Irrsinns, der Raserei, des Loslassenkönnens offenbaren, als ein Phantasiegewölbe ganz im Stile Alfred Kubins zu betrachten, denn *„»Die andere Seite«, das ist die Chiffre für das Böse, die*

---

[335] vgl. hierzu St. John 2008a, S. 2

Rückseite des Guten, demselben Prinzip entspringend und vom Guten untrennbar und ununterscheidbar".[336]

Turner fügt bezugnehmend auf den Spieltheoretiker Brian Sutton-Smith, welcher den auf das *»Schwellendasein«* von Turner angewandten Begriff der *»Antistruktur«* aufgriff, ergänzend hinzu, dass dieser den Diskurs übernahm, um „eine Ontologie eines *„Schwellendaseins" zurückzuerobern [und] die Schlachtfelder des durch den Logos verbrauchten wieder zurückzuerobern, verwildern zu lassen im Sinne einer anarchischen Gesundung."*[337]

Denn für Sutton-Smith war es wichtig hinsichtlich des Kontinuums Ordnung vs. Unordnung ganz im Sinne eines »Es-kann-sich-nicht-jeder-leisten-unordentlich-zu-sein« (Döbereiner), aus der Figur des Chaotischen, ein Noviziat für das Leben zu begründen, denn: *„In Spielen (und wie ich ergänzen würde in*

---

[336] Kubin 1995, o. S.; vgl. auch ders., S. 12 f hinsichtlich einer Unterlassungsklage zu den nicht betretenen Traumlandschaften des *homo intellectus*: *„Unsere Leute erleben nur Stimmungen, besser noch, **sie leben in Stimmungen**; alles äußere Sein, das sie sich durch möglichst ineinandergreifende Zusammenarbeit nach Wunsch gestalten, gibt gewissermaßen nur den Rohstoff. Dass dieser nicht ausgeht, dafür ist selbstverständlich überreichlich gesorgt. Doch glaubt der Träumer an nichts anderes als an den Traum, - **an seinen Traum**. Dieser wird gehegt und entwickelt, ihn zu stören wäre unausdenkbarer Hochverrat."*

[337] Turner 2009, S. 40

der Schwellenphase der Rituale ebenso wie im Zusammenhang mit solchen ‚liminoiden‘ Phänomenen wie Charivaris, Fiestas, Halloween-Maskeraden, Vermummungsspielen usw.) dürfen wir aus zwei Gründen unordentlich sein, entweder weil wir ein Zuviel an Ordnung besitzen und Dampf ablassen wollen (das könnte man die ‚konservative Interpretation‘ ritueller Unordnung nennen, wie sie in Umkehrungsritualen, Saturnalien u. ä. vorkommt) oder weil wir durch das Unordentlichsein etwas **lernen** sollen.‘‘[338]

Über die Figur des Dritten ist es nun möglich, die negative Gegenüberstellung zu sprengen und das duale Dilemma jenseits des Subjekt-Objekt-Gefängnisses zu verlassen, da das Wirkliche jenseits der Reinigungsprozesse[339] im Sinne eines Sowohl-Als-Auch dazwischenliegt und über das prozesshafte Liminale

---

[338] Sutton-Smith zit. nach ebd., S. 17

[339] vgl. hierzu Latour 2002b, S. 45: „Wenn wir nach Art der modernen […] Philosophie diese beiden Garantien getrennt betrachten, bleiben sie unverständlich. Wenn die Natur weder von den Menschen noch für sie gemacht ist, bleibt sie fremd, für immer fern und feindlich. Gerade ihre Transzendenz macht sie unzulänglich oder erdrückt uns", vgl. hierzu auch Hölzel 2006, S. 29: „Die Philosophie umfasste bei Aristoteles noch Physik, Kosmologie, Psychologie, Zoologie, Ethik, Politik, Rhetorik und Poetik (Fehring 1995). Die Zusammenhänge wurden beachtet. Für Latour (2002) ist der »ursprüngliche Sündenfall« die »ontologische Trennung von Natur und Kultur« (Rottenburg 1998)."

neue Ordnungen/Unordnungen in einer Performanz des Hier und Jetzt bedingt und entstehen lässt. Über diese Anagramme[340] des Erlebens kommt es zu Neuaufstellungen in der Kryptographie des Daseins ganz im Stile einer Transposition des Gewesenen. Wie Turner hinzufügt: *„Der Kosmos wird zu einem komplexen Gewebe aus* **»Korrespondenzen«***, die auf Analogie, Metapher und Metonomie beruhen."*[341]

Lebenswege sind Geschichten und diese können besser erzählt werden, wenn lineare Folgerichtigen durchbrochen werden, denn das Abenteuer ist die eigentliche Essenz des Spielerischen. In ihnen können Geister beheimatet sein, denn Liminalitäten ermöglichen Transformationen innerhalb zyklischer Systeme.

Nach Turner sind Rituale sowohl ernsthaft als auch spielerisch, im Sinne eines *»Ernst des menschlichen Spiels«*[342]. Sie werden erst über die einseitige Herangehensweise einer Verstandesbetrachtung – welche doch nicht verstehen kann, aus ihrer hybriden Mitte des wechselseitig Uneindeutigen herausgehoben und das Freizeitspiel steht dem Gevatter

---

[340] vgl. Kluge 1999, S. 36: entlehnt aus altgr. ἀναγράφειν, *anagráphein „umschreiben"*, im Sinne eines *„zur Sippe des zugrundeliegenden schreiben, zeichnen"*.

[341] Turner 2009, S. 43

[342] Turner 2009: *»Vom Ritual zum Theater. Der Ernst des menschlichen Spiels«*

Ernst des »*Intellektgitters*« (Döbereiner) gegenüber. Spielen wird in der westlichen Welt oft mit einem kindischen Verhalten assoziiert und impliziert eher eine dürftige Wertigkeit eines in der Pubertät steckengebliebenen Unfertigen.

Wie O'Grady hinsichtlich ihrer Dissertation über Underground Club Spaces notiert: „*It has been associated with the body rather than the mind and, to this end, has been debased and relegated to the lower ranks of significance in terms of value and worth by a society that had the mind/body split rooted firmly in its cultural map.*"[343]

Spiele sind eher absichtslos, in einem zielgerichteten Eifer des rein Ernsthaften gleichen sie einer Dysfunktionalität des Sexus, welche strampelnd um eine Form bemüht doch nicht den nötigen Inhalt aus sich herausgebiert und schließlich überstrapaziert und aufgebläht, einer gestaltlosen Mutante gleich, in sich zusammensackt.

Insofern sind sie nicht zielgerichtet, damit nutzlos und trivial; dienen aber in diesen vermischten Geschichten durchaus dem Bestreben aus dem profanen Alltag in sakrale Ebenen einzutauchen und sind insofern durchaus Ernst für das Seelenkonto, als Wichtigkeit des Belanglosen, welches sich aus dem modernen Käfig der willentlichen Zielgerade, die

---

[343] O'Grady 2009, S. 111

doch nie ankommt, da ohne Mitte uferlos geworden, zu befreien strebt. Derrida notiert hinsichtlich dieser verlorengegangenen Mitte in der Moderne: *„Where there is no center, all is playing."*[344]

So wird im Kontext eines Raves und dem Streben nach alternativen Realitäten das »*deep play*« (Clifford Geertz 1973) zu einem *„dark play"*[345], welches nach Schechner in seiner subversiven Natur multible Realitäten verbirgt, welche chaotisch, dekonstruktiv, expositionell, aber letztlich selbstbefriedigend sind.

Existenzgefährdend wird es nur wenn die Selbstbefriedigung zur Obsession wird. Dieses Risiko eines Besessenseins hebt der Untertitel »*Don't forget to go home*«[346] eines Dokumentarfilms zur elektronischen Tanzmusik aus dem Jahre 2006 hervor. Das »*dark*

---

[344] Derrida 1978, S. 280

[345] *Schechner 2013, S. 119: „Dark play involves fantasy, risk, luck, daring, invention, and deception. Dark play may be entirely private, known to the player alone. Or it can erupt suddenly, a bit of microplay, seizing the player(s) and then as quickly subsiding – a wisecrack, burst of frenzy, delirium, or deadly risk. Dark play subverts order, dissolves frames, and breaks its own rules – so much so that the playing itself is in danger of being destroyed, as in spying, double-agentry, con games, and stings. Unlike carnivals or ritual clowns whose inversions of established order are sanctioned by the authorities, dark play is truly subversive, its agendas always hidden. Dark play rewards its players by means of deceit, disruption, and excess."*

[346] Classen, Maja: »*Feiern – don't forget to go home*« (2006)

play« ist eng mit dem *»deep play«* verwandt, das ein Spiel mit sehr hohem Einsatz ist. Jedoch unterläuft es die metakommunikative Botschaft eines Gregory Bateson, der postuliert: *»This is a play«*.[347] Der Einzelne, der sich nicht bewusst ist, dass er spielt, wird die gesamte *»spielerische«* Kommunikation als *»ernsten Ernst«* empfinden, indem das Spielerische abgetötet wurde. Denn, nur *„weil sich alles um Haaresbreite und auf Messers Schneide abspielt, heißt das nicht, dass die Schneide nicht geschärft ist."*[348] Bei der Darkside Genesis des Ravers[349] geht es darum Versionen seines Selbst neu zu produzieren, die sich in einem folgewidrigen Identitätspool von Fantasie, Risiko, Glück, Wagemut, Erfindung und Täuschung niederschlagen. Beim Eintritt in die spielerische Arena werden hierbei Ordnungen untergraben, Rahmen aufgelöst und mit eigenen Regeln gebrochen, so dass dabei im-

---

[347] vgl. hierzu Bateson, Gregory (1972): In *»Theory of Play and Fantasy«* versucht Bateson, die Grundregeln für die spielerische menschliche Interaktion festzulegen.

[348] Latour, 2018, 285f

[349] vgl. hierzu Simon Reynolds *»Energy flash. A journey through rave music and dance culture«* (1998): Ende 1992 wurden die fröhlichen Rave-Melodien von 1991 von einem Stil verdrängt, der *»darkside«* oder *»dark-core«* genannt wurde; Hardcore wurde von der kollektiven Befürchtung heimgesucht, dass *»wir zu weit gegangen sind«*.

mer die Gefahr besteht, dass das Spiel sich selbst zerstört kann. So ist nach O'Grady der Prozess der Neugestaltung des Selbst immer ein ernsthaftes Spiel und erfordert bestimmte Bedingungen um zu funktionieren. So vermerkt sie in Anlehnung an Burnett (2004), dass sich das Spiel nicht in einer Atmosphäre des Spottes entfalten kann.[350]

Über ein ludisches Handeln, als Ausdruckskraft des Liminalen, kommt es nun zu einer Dekonstruktion einer klaren Dichotomie und es entstehen dritte Räume, damit Fluchtwege aus dem Kerker des in sich rotierenden Verstandes, welches keine Korrespondenz mehr zum Lebendigen aufweist. *„Im Sinne von Praxis ist Performanz […] ein notwendiger Komplementärbegriff zu Struktur, die immer nur durch und im Moment ihrer Realisierung existiert."* [351] Figuren des Dritten, die über ein liminales Agieren heraufbeschworen werden, sind Korrespondenzvermittler zwischen Innen und Außen, zwischen dem Unsichtbaren und dem Sichtbaren, den Geistern und den

---

[350] vgl. hierzu O'Grady 2009, S. 109

[351] Rao 2000, S. 3. Vgl. hierzu auch Turner 2009, S. 18: *„Hier kann uns die Etymologie des Wortes »Performance« weiteren Aufschluß geben. Das Wort hat nichts mit »Form« zu tun, sondern leitet sich vom altfranzösischen parfournir, »abschließen, vollenden« oder »sorgfältig durchführen« her. Eine Darstellung (performance) ist also der geeignete Abschluß eines Erlebnisses."*

Trägern der Geister, da es keine in sich abgeschlossenen Gefäße gibt. In diesen *daimonischen* Bereichen[352] spielt der Moment des Unerklärlichen die Hauptrolle, also Bereiche die seit der cartesianischen Spaltung immer mehr verlassen wurden und die über einen dritten Weg wieder zurückerobert werden müssen. *„Die Performanz ist das Geschehen, in dem Struktur und Praxis zusammenfließen, indem die strukturierte Aneignung der Welt Wirklichkeit produziert."*[353]

---

[352] vgl. hierzu Hölzel 2011, S 26 f: *„In der Dämonologie, der späteren Grundlage der Dämonenlehre der Platoniker heißt es:* »*Denn alles Dämonische ist ein Zwischending zwischen Gott und Sterblichen ... Es ist das Mittler- und Fergendienst Versehende von den Menschen zu den Göttern und von den Göttern zu den Menschen, von den einen das die Gebete und Opfer, von den anderen das die Gebote und Vergeltungen überbringende. Und da es in der Mitte zwischen den beiden ist, erfüllt es beide, auf daß das Ganze in sich selber zusammengeschlossen sei. Mit seiner Hilfe geht alle Weissagung und die Kunst der Priester und der Opfer, Weihen, Segen und jeder Art Wahrsagerei und Zauberei Kundigen vor sich. Ein Gott macht sich nicht mit einem Menschen gemein, durch Dämonenhilfe kommt alle Zwiesprache und aller Verkehr der Götter mit den Menschen zustande im Wachen und im Traume. Wer sich darauf versteht, ist ein dämonischer Mensch ... Diese Dämonen sind nun zahlreich und von allerlei Art, und auch Eros ist einer von ihnen.* « [Kerényi 1966] [...] *Die Verwandlung der Daimones in teuflische Dämonen war der gegen das Heidentum sich richtenden christlichen Kontroverse zuzuschreiben."*

[353] Rao 2000, S. 3

So können über die im Rave üblichen Tanzexzesse, als Performanz eines liminalen transgressiven Geschehens, Wirklichkeiten erzeugt werden, die vorherrschende Strukturen durchbrechen. Diese dienen *„als Mittel zur Herstellung einer Kommunikation zwischen der menschlichen und der nicht-menschlichen Welt"*, um den Tänzer *„zu einem Gefäß für die Götter zu machen [, denn] aktiv handelnd sind in dieser Sicht die außermenschlichen Mächte, während der Mensch ihren Aktionen in verschiedenen »passiones« ausgesetzt ist."*[354] Der Physiker Fritjof Capra unterstreicht diese Perspektive, wenn er sagt: *„Es gibt Aktivität, jedoch keine Handelnden; es gibt keine Tänzer, sondern nur den Tanz."*[355] Nach Rao und Köpping geht es in diesem Tanz weniger um eine Mimesis, als vielmehr um eine *„hergestellte »Leere« des Repetiven und Redundanten, die den Menschen für eine Begegnung mit dem Göttlichen öffnet."*[356] Dieses erzeugte Nichts, als Vakuum des Seins kann als Siehe-auch-Hinweis mit der Monotonie des Technobasses assoziiert werden.

Köpping verweist auf einen *ähnlichen „Effekt der Redundanz"*[357] beim Maskentanz in den japanischen

---

[354] ebd., S. 21. Rao und Köpping beziehen sich hierbei auf den »Tanz der Strafe« in Südorissa

[355] Capra 1985 S. 97

[356] Rao 2000, S. 21

[357] ebd., S. 21

Festen, welcher von Trommelschlägen – ähnlich des monotonen, endlos wiederkehrenden Technobasses – begleitet wird.[358] Der Tanz als Ritual wird zu einer »intersubjektiven Illumination«[359], als „cosmic liminality" zu einer „intergalactic transmission and alienation"[360]. Diese „modern mutation" als »UFO-Religion«,

---

[358] vgl. hierzu Vogelgesang 2001, S. 268: „Als repetitive Rhythmen und Endlosschleifen kennen ihre Beats und Sounds keine Begrenzung mehr. Was sie unterscheidbar macht und damit stilbildend wirkt, sind Taktgeschwindigkeit und Klangcollagierung, wobei vor allem die schnellen und harten Basslinien die Techno-Tänzer stundenlang in ihren Bann ziehen." Es ensteht wie es ein 22-jähriger befragter Student charakterisiert (ebd., S. 267) „ein kilometerlanger Viervierteltakt". Vgl. hierzu auch Dumke 2001, S. 72: „Das Element der Wiederholung hat sowohl im Gottesdienst als auch bei einem Technoevent ein besonderes Gewicht. Dieses Gestaltungselement wird in vielen Gebetsformen […] deutlich. Dabei hat die oft formelhafte Wiederholung keine abschwächende Wirkung […], sondern gestaltet im Gegenteil die Einzelaussage als Steigerung, als ein sich Vertiefen in das Wesentliche der Glaubensaussage. Die Struktur der Technomusik ist auch durch Wiederholungen geprägt, die für den Außenstehenden zunächst eine unattraktive Monotonie darstellen. Doch auch hier wird nicht aus Mangel an neuen Ideen auf eine Rhythmusfolge zurückgegriffen, sondern zur Steigerung."

[359] St. John, 2008b, S. 149

[360] ebd., S. 195, Vitos untersucht diese Alienation im Techno im Kontext zu Baudrillards Theorie der Simulation: Techno ist eine Referenz zum Silmulakrum indem es »the concept of originality [attacked] in an original way« (Baudrillard). Das Hyperreale, als künstlicher Aufguss dritter Ordnung bestätigt auch Magan, eine Raverin im Interview (ebd., S. 6): „'Cause it's just a loop, There are no mistakes in electronic music… The program is doing everything for you, the program is

führt beim Techno zu einer *„transformation of human consciousness both individually and collectively."* St. John bezeichnet dies UFO-Religion als *„alien intelligence"*, die über das liminale Tanzerlebnis zu einer Öffnung – als *„flying vehicels operated by the gods"* zu einer *„transmission of positive direction in all areas of human life"* führt.[361]

Derrida hebt diese Bedeutung des Ludischen als Vektor in eine grenzenlose Unendlichkeit, gemäß einer von ravenden »*Space Invaders*« bevölkerten »*UFO-Religion*« ebenso hervor: *„The absence of the transcendental signified extends the domain and the play of signification infinitely."*[362] Wie Vogelsang hinsichtlich des ludischen Einschlags der Raver erwähnt kommen hinsichtlich ihrer Selbsdarstellungsstrategien die *„jugendlichen Techno-Jünger [...] dem »ludischen Handlungs- und Identitätstyp« sehr nahe, den Florian Rötzer (1995) als charakteristisch für die Postmoderne charakterisiert hat."*[363]

---

becoming a medium between the writer and the sound that is being produced. [...] But if anything goes out of time with a live band [...] it's gonna be very hard because there are five different brains, operating systems, trying to be in time with each other."

[361] St. John 2008b, S. 198
[362] Derrida 1978, S. 280
[363] Vogelsang 2001, S. 286

Um wieder zu Köpping zurückzukehren, könnte man auch von einer „göttlichen Übermächtigung" sprechen: „Öffnet sich der Körper des Tänzers für diese Übermächtigung, dann verdoppelt er sich: Der Gott ist dann nicht mehr nur durch eine Maske repräsentiert, sondern im Tänzer unmittelbar präsent, obwohl der Tänzer immer auch ein Tänzer bleibt."[364]

Diese unmittelbare Präsenz über die Symbolik des Maskenhaften, als Alienation des Transformativen, findet sich im Mythos des Dionysos, als Gott des Tanzes ebenso wieder:

„Man hat schon beobachtet, dass Dionysos in dem Zug der Götter auf der Francoisvase eine andere Haltung einnimmt, als die übrigen; während diese sich dem Beschauer im Profil zeigen, kehrt er allein ihm sein ungeheures Gesicht mit großen Augen gerade zu. Diese auffällige Besonderheit wird nun aber daraus erklärt, dass Dionysos von alters her mit Vorliebe in der Maske dargestellt worden sei. Viel richtiger wäre es, umgekehrt zu sagen, man habe ihn in der Maske dargestellt, weil man ihn als den Anschauenden kannte. […] Ihre gerade gerichteten Augen sind unentrinnbar, ihr Gesicht von unerbittlicher Starrheit […] Hier ist nichts als Begegnung, der man sich nicht entziehen kann, unverrückbares bannendes Gegenüber."[365]

---

[364] Rao 2000, S. 21
[365] Knörzel [Bearb.] 2012, S. 12f

Aus dieser Perspektive die uns der Mythos einer unmittelbarsten Gegenwart gibt, wird dieses Doppelsätzige, als Janusgesicht des Zwischenraums deutlich[366], denn *„diese Erscheinung wird von der Maske festgehalten, und zwar umso wirkungsvoller, als die bloße Oberfläche ist."*[367] Die imaginäre Maske symbolisiert hierbei die Loslösung vom Subjekt, denn in diesem bannenden Gegenüber wird die subjektive Verschlossenheit verlassen und es kommt zur mythischen Hochzeit mit dem Anderen, als *„Nahtstellen zwischen einer in die Krise geratenen und einer bestätigten Identität."*[368] Im Tanz hebt sich die Subjekt-Objekt-trennung auf, da sie *„ein Tanz **für** die als auch **von den** Göttern"* ist, der Tanz wird somit zum Katalysator, als Schließzelle[369] des Ich, denn *„die »**passio**« erscheint hier auch in ihrer aktiven Bedeutung als Leidenschaft."*[370]

---

[366] Der Ritualtheoretiker Ronald Grimes (1976, S. 19) spricht hinsichtlich dieses »betwixt and between« bezüglich Turners Begrifflichkeit von einem *„Janus-like"-Charakter.*

[367] Knörzel [Bearb.] 2012, S. 12

[368] Kalb 1999, S. 162

[369] *„Schließzellen [...] schließen zwischen sich eine Spaltöffnung ein, die je nach Zellinnendruck geschlossen oder geöffnet ist. Dadurch regeln sie den Wasser- und Gasaustausch zwischen Pflanze [bzw. Ich] und Außenwelt."*
https://www.biologie-seite.de/Biologie/Schlie%C3%9Fzelle

[370] Rao 2000, S. 21

Die enge Verwandtschaft zwischen Exzess und »*passio*«, welche sich in den Bereichen einer liminalen Transgression eröffnen und indem aktiv und passiv ununterscheidbar werden, hebt auch Christoph Kalb hervor, der die »*Rekonstruktion beschädigter Identität in Ritual und Kunst*« hinsichtlich einer „*Selbstbildung im Leiden"* untersucht, denn „*Leiden scheint den Zugang zu einer anderen Welt zu eröffnen, deren Maßlosigkeit das Selbst zu vernichten droht."*[371]

Die Hybris des Subjekts in Form einer Verbannung von Leid und Schmerz ging parallel einher mit der Verbannung von Wahn und Ekstase im Zuge der Abspaltung der Unsichtbaren und dem Einbruch des Gestaltlosen über eine invasorische cartesianische Logopädie im Zuge einer Gleichschaltung der Zwischenwesen. Dieser Terrain kann nun über eine »*Rave Invasion*« , als Saturnalien der Postmoderne, zurückerobert werden, denn „*Rituale stellen Konventionen bereit, deren Funktion darin liegt, Individuen oder Sozialverbände über Krisenerfahrungen derart hinwegzugeleiten, dass sich bedrohte Identitäten zu erneuern vermögen."*[372] „*Leiden ist so gesehen eine liminale Etappe"*[373], denn die rituelle performative Kraft des Tanzenden

---

[371] Kalb 1999, S. 161
[372] Kalb 1999, S. 163
[373] ebd., S. 162

„entlastet das leidende Selbst [...] über eine erneuernde Erweiterung seiner Identität" [374] Dadurch kommt es hinsichtlich seiner Wirklichkeitswahrnehmung zu einer *„Transformation in jeder Hinsicht"*, die sich darin zeigt, dem tanzenden Raver *„einen neuen Zustandsstatus aufzuprägen"*.[375]

Inwieweit über das Einschalten von Riten ein Heraustreten aus der gewöhnlichen Zeitabfolge gewährleistet werden kann, hat schon der rumänische Religionsphilosoph Mircea Eliade auf grundlegende Weise in seinem Werk »*Das Heilige und Profane*« aufgedeckt und entschlüsselt.[376] So entspricht der Aus-

---

[374] ebd. S. 165

[375] Rao 2000, S. 10. Wie Turner (1989, S. 94) diesbezüglich erwähnt: Er ist *»der Passierende«*, der einen kulturellen Bereich durchschreitet, das *„wenig oder keine Merkmale des vergangenen oder künftigen Zustandes aufweist"*.

[376] vgl. hierzu Eliade 1985 [1957], S. 14 – 21: Nach Eliade gibt es *„zwei Arten des In-der-Welt-Seins"*, der profane, alltägliche Zustand und der heilige, ganz andere, der diesen erst legitimiert und erneuert: *„Die religiöse Erfahrung, dass der Raum nicht homogen ist, stellt ein Urerlebnis dar, das wir einer »Weltengründung« gleichsetzen dürfen. Es handelt sich dabei nicht um theoretische Spekulationen, sondern um ein primäres religiöses Erlebnis, das aller Reflexion über die Welt vorausgeht. Erst dieser im Raum entstandene Bruch ermöglicht eine Weltbildung, denn erst er schafft den »festen Punkt«, die Mittelachse, von der jede künftige Orientierung ausgeht. Da sich das Heilige durch eine Hierophanie (»aus: griechisch **hieros** =*

bruch aus dem Profanen, welcher sich in der Tanzekstase eines Ravers ereignet, nichts anderes als einer Sehnsucht den inneren Kompass wieder herzustellen über eine Begegnung mit dem Numinosen[377], als einer Zwischenwelt des ganz Anderen, welche die Welt einer Trivialität des Soseins erst einfängt und legitimiert in einem Angekommensein, in einem Punkt, der nicht im Menschen selber sitzt.

Das heißt über den Vollzug des transgressiven Ausbruchs welcher sich im Taumel des Tanzes ereignet *„wird ontologisch die Welt [erst] gegründet"* [378] als Existenzberechtigung eines transsubjektiven Seins,

---

heilig, und **phainomai** *= sich zeigen«) kundtut, kommt es jedoch nicht nur zu einem Bruch in der Homogenität des Raums, sondern darüber hinaus zur* **Offenbarung einer absoluten Wirklichkeit**, *die sich der* **Nicht-Wirklichkeit** *der unendlichen Weite ringsum entgegenstellt."*

[377] vgl. hierzu Otto, R. 1924, S. 5 ff: *„Das Heilige ist zunächst eine Deutungs- und Bewertungskategorie [...] die komplex ist, und als solche ein völlig artbesonderes Moment in sich hat, das sich dem Rationalen im oben angenommenen Sinne entzieht und das ein áreton, ein ineffabile ist, soffern es begrifflicher Erfassung völlig unzugänglich ist, (wie es auf ganz anderem Gebiete das »Schöne« auch ist)."* Zur Definition des Numinosen gibt Otto an: *„Ich bilde hierfür zunächst das Wort: das Numinöse, (wenn man von omen ominös bilden kann, dann auch von numen numinös) [...] Das heißt: unser X ist nicht im strengen Sinne lehrbar, sondern nur anregbar, erweckbar – wie alles, was »aus dem Geiste« kommt."* Nach Otto ist: *„Heilig ist mehr als Gut [...], das Mehr ist das Numinose."*

[378] Eliade 1985, S. 19

als räumliche Rückkehr aus den Wegen des Ortlosen der Moderne. Auf eine andere Weise drückt diese *conditio humana* Latour in seinen Existenzweisen aus, wenn er sagt:

„Wir profitieren endlich von einem ausreichend entleerten Multiversum, um darin nicht nur die unsichtbaren Träger von Psychen bequem passieren zu lassen, sondern auch die Wege der Alterierung sagen wir sogar die Netzwerke, die es erlauben, die Prozession von Engel, die Wesen, die Träger von Bekehrung sind, ihrer Wege ziehen zu lassen."[379]

Becker spricht in diesem Zusammenhang von einer *„zweiten Welt"*, einer imaginären Spielwiese menschlich geschaffenen Sinnes.[380]

---

[379] Latour 2018, S. 425f
[380] vgl. hierzu Becker, 1975, 189

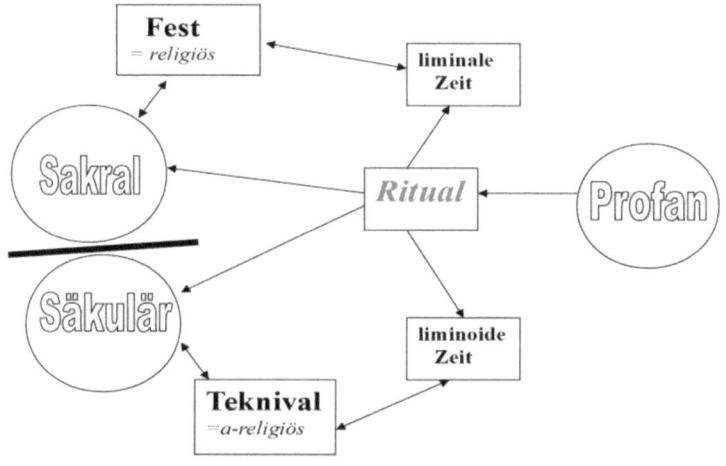

Wie in Schaubild 1 dargestellt wird, kommt es im Zuge des Aufkommens der Moderne zu einem Prozess der Entsakralisierung, in der das Religiöse zur Etikette wird. Im Zuge dessen sind in der modernen Gesellschaft Ritualkonstruktionen nicht mehr religiösen Inhalts. Jedoch ist der Mensch immer noch „religiös-magischer Struktur und Herkunft."[381] Um einer »*Metaphysik des Tragischen*« [382] entkommen zu können, muss dieser periodisch ein „*Zeitgenosse der Götter*"[383] werden, entsprechend des Wiedereinzugs

[381] Eliade 1985, S. 176
[382] vgl. hierzu Ziegler 1902: »*Zur Metaphysik des Tragischen*«
[383] Eliade 1985, S. 81

der latourschen *„invisible beings"*, denn *„der ursprünglichste aller menschlichen Triebe: derjenige nach Erlösung, wäre eine grauenhafte Illusion unserer Seele, wenn ihm nicht zugleich die tröstliche Sicherheit ihrer Möglichkeit inhärierte."*[384]

Dies kann auch über eine *„verkappten Mytologie"* und *„verwitterten Ritualismen"* erfolgen, wie sie der Freetekno mit sich bringt, denn: *„Der profane Mensch bewahrt, ob er es will oder nicht, immer noch Spuren vom Verhalten des religiösen Menschen, nur sind diese Spuren ihrer religiösen Bedeutung entkleidet."*[385] Turner umschreibt diese religiöse Entkleidung der Ritualfunktion als *„weiterziehende Kreise."*[386]

Folglich benötigt der *homo religiosus* keinen institutionellen Bypass der Kirche zur operativen Überbrückung des Passagehindernisses, um »*in illo tempore*« in die heilige Zeit einzutauchen und die profane Zeitlichkeit zu durchbrechen und zu erneuern. Goethhals drückt diese religiöse Entkleidung – als nackte Tatsachen – folgendermaßen aus:

„Die Erfahrung des modernen Menschen wird von Strukturen der Zeit und des Raumes bestimmt, die grundsätzlich anders sind als jene der Vergangenheit. […] Wir

---

[384] Ziegler 1902, S. 76
[385] Eliade 1985, S. 176
[386] Turner 1977, S. 36

können trotzdem davon ausgehen, dass das menschliche Bedürfnis nach einer sicheren und geordneten Welt und der Wunsch, aus den gewöhnlichen Dimensionen der Wirklichkeit auszubrechen, in der heutigen Zeit genauso ist wie in der Vergangenheit. Aus dieser Sicht lässt sich das Ritual als Analogie verwenden, um gewisse Aspekte moderner Kunst […] zu verstehen."[387]

Nach Turner besteht ein Ritual aus einem formellen Verhalten. Um der Unterscheidung zwischen vormoderner und moderner Ritualkonstruktion näherzukommen wird auf Turners Unterscheidung zwischen einer Liminale und einer Liminoide bezüglich eines Rituals eingegangen. Eine Liminale ist bei traditionell-religiösen Ritualen vorzufinden und eine Liminoide bei Ritualen die a-religiös motiviert sind. So entsteht eine Liminoide aus einer *„Desintegration"*, das heißt aus einem Auseinanderbrechen, einer Zerstreuung verschiedener Elemente des liminalen Zustandes. *„Sie erleben verschiedene Schicksale als spezialisierte Künste oder Sportarten […], als liminoide Gattungen."*[388]

---

[387] Goethals 2003, S. 306

[388] Turner 1977, S. 40 f. Vgl. hierzu auch Ivanov 1993, S. 223: *„In komplexen industriellen Gesellschaften, in denen Religion und Ritus ihre mobilisierende Kraft weitgehend verloren haben, wird laut Turner die reflexive und kreative Funktion der rituellen Liminarität [sic] an zahlreiche Bereiche delegiert, die nicht der*

Gewisse übriggebliebene Elemente des Rituals werden säkularisiert und wie Goethals erwähnt, gibt uns diese Unterscheidung zum religiösen Ursprung des Rituals einen Zugang zu den *„entsakralisierten Künsten"*, in denen *„Kunst für viele Menschen zu einer Art Ersatzreligion"*[389] wird. Es ist eine ähnliche zweite Welt wie die sakrale Heilige, nur aus den Bezügen des Religiösen ausgebettet.

Das über eine Ausschalten des gewöhnlichen Lebens im Diesseits Andersweltliche, welches den Raver in der Rolle eines *»shapeshifter«*[390] und Schamanen heraufbeschwört, wird unter anderem in dem Artikel von Weinel analysiert, welcher diesen als Technoshaman klassifiziert. [391] O'Grady hebt den

---

»strukturellen« Sphäre der Produktion angehören, z.B. an Literatur, Theater, Sport, Musik, Fastnachtszüge, Wallfahrten. In Bezug auf diese »optionelle« Liminarität [sic] kreiert Turner das schöne Wort »liminoid«."

[389] Goethhals 2003, S. 307.

[390] vgl. hierzu Groothuis Kapitel *»Technoshamanism: digital deities«* in Groothuis 1999, S. 105 – 120, hier S. 118: *„The cyberian world view is shaped by the sensibilities of modern technologies, particularly those of cyberspace."*

[391] vgl. Weinel, 2014, S. 2: *„The concept of technoshaman in psytrance fits within several of Mayer's concepts, notably 'the shaman as healer' (where spiritual healing is considered to occur through the act of trance dance), 'the shaman as master of ecstasy' (since he/she conducts the use of musical forces to attain an altered state of consciousness)."*

karnevalesken Zustand der Technoszene hervor[392] und geht auf die *„liminal-liminoid hybridity"* von Spiral Tribe[393] ein, indem sie das liminale Paradigma der Undergroundkultur hervorhebt.[394]

[392] O'Grady, 2009, S. 129, vgl. hierzu auch Gündüz 2003, in der die grotesken Züge zwischen Rave und Karneval gegenüber gestellt werden. Vgl. hierzu auch Frazer 1913, 339ff: Frazer beschreibt in dieser karnevalesken Umkehr, als Ausdruck einer liminalen Festlichkeit, eine Erneuerung und Legitimation derer durch ein Einsetzen von Narrenbischöffe und einer »Herrschaft des Bohnenkönigs«.

[393] O'Grady, 2009, S. 121. Vgl. hierzu auch ders., S. 120: *„Van Veen (2002) goes on to suggest the TAZ can be read as a pragmatic and psychotopological crack or liminal space, the likes of which have been investigated and made manifest by sound systems and art collectives such as Spiral Tribe, and the KLF. It is in these liminal „cracks" that experimental performance occurs, not only within a club context but in other domains where liminality sets in train a „blurring of set boundaries" (Broadhurst 1999) and a questioning of „accepted ideas and belief systems".*

[394] ders., S. 114

Ähnlich wie in der modernen Kunst werden – über Positionen des Grenzgängertums, der Transgression[395] und der »*Umkehrung des Blicks*«[396] – auch im Kontext des Freetekno Ritualdynamiken an die Oberfläche zurückgeholt, die in der Moderne über die Kastration einer reinen Verstandeswelt unter-

---

[395] vgl. hierzu Köppings Arbeiten bezüglich Rituals und Transgression: Köpping (2006) »*The transgression of limits and the limits of transgression in collective ritual*«, Rao (2005): »*Celebrating transgression: a book in honour of Klaus Peter Köpping*«. Vgl. hierzu auch: Jungaberle 2006, S. 13: *„Das Thema der Grenze und Grenzerfahrung stellt sich bei vielen rituellen Formen. Initiationen sind Grenzübertretungen, viele Feste leben aus den Überschreitungen sozialer Tabus [...]. Damit wird auch ein gängiges Thema der Populärkultur aufgegriffen: Gerade in »fremden« Ritualen wird oft Überschreitung und Intensität gesucht. Sei dies im Rausch des Exotischen und Neuen, im Außer-sich-sein der rituellen Trance oder gerade im Zu-sich-kommen durch diesselbe.“*

Die Gegenüberstellung eines »*Außer-Sich-Sein, Bei-Sich-Sein*« im Kontext einer »*Ekstase und Rationalität in der Geschichte der Musik*« untersuchte auch Kaden 1995, hier S. 6: *„Kaum eine andere Kunst wendet sich so wenig an das gefestigte Ich wie Musik. Und selten sinnfälliger als in ihr werden menschliche Möglichkeiten der Ent-Egoisierung, der Chance, indiviuelle Verkrustungen abzustreifen – wie die Schlange die Haut. Musik gibt dem NICHT-ICH, dem NICHT-NUR-ICH Lebenshoffnung. Am eindrucksvollsten zeugen davon Kulte und Rituale [...], die sich mit **Ekstase, Trance, Possession** verbinden und eine solche Formfülle zu entfalten wussten, dass sie nicht mehr zu überschauen sind.“*

[396] vgl. hierzu Köpping 2000

drückt wurden und die – unter einem Augenzwin-
kern des stiftenden Eros[397] – zu einer In-Vitro-Fertilisation[398]der Welt führen. Denn erst über eine »*Oeco-
nomia Forensis*«, als gelebte Praxis, können Bezüge
entstehen, die zu einer kontextuellen Einbettung des
Subjekts hinsichtlich des Prinzips seines Daseins führen.

---

[397] vgl. hierzu auch Hölzel 2011, S. 26 f: „*Die griechische Seherin
Diotima lehrte Sokrates, daß Eros zwar Sinnbild des Verlangens
und des Dranges ist, dass es aber verschiedene Stufen der Weihen
gibt. Eros Charakteristikum ist die ständige Not, die erst durch ein
»Gebären im Schönen« zur Ruhe kommt. In der niedrigeren
Stufe bezieht sich dieses Zeugen und Gebären, als Erlösung des
Drangsals, auf die körperliche Ebene: »Diejenigen die im Leibe
schwanger sind wenden sich lieber dem Weibe zu.« [Kerényi 1966]
Auf der höheren Stufe kommt jedoch eine Schwangerschaft des
Leibes nicht mehr in Betracht. »Nicht Leiber, die weiter
ausgetragen werden müssen, sondern Werke sollen geboren
werden.« Diotima bezeichnet dies als die höchste Erfüllung des
Eros, der der stiftende und treibende Geist jener Schwangerschaft
ist.*" Dieses Drangsal des Menschen zum Schöpferischen
kann in Form seiner Verneinung als Begierde auftauchen
oder fernab der Unterdrückungsvorgängen der Sterilisation
als ein »*culte de moi*«, als Frucht des Aufstiegs und Zugang
zur wahren »*Arete*« herausgelebt werden: es ist der Impuls
zu mehren.

[398] In-Vitro-Vertilisation, lat. »*Befruchtung im Glas*« steht für eine
Methode der künstlichen Befruchtung; vgl. hierzu auch
Ludwig 1999

II.5. Spiral in Aether:

»Hier tanze ich, ich kann nicht anders.«

Der Raver kommt in der liminalen Phase auch der mythologischen Figur des Tricksters, als *„Personifizierung des Zwischenraums"*[399] und einer *»Figur des Dritten«*[400] gleich, *„as the mythic projection of the magician – standing in the limen between the sacred realm and the profane"*[401], dem nach Babcock-Abraham eine *„»reflective-creative« function"*[402] innewohnt. Denn während Rituale wie die des Ravens Handlungsaktionen zum Ausagieren im Raume darstellen, können Schwellenpersonen selbst, wie die des Ravers, als fleischgewordene Instanzen und Personifikationen des liminalen Zwischenraumes bezeichnet werden.

---

[399] Köpping, 1984, S. 199

[400] vgl. hierzu *»Die Figur des Dritten: ein naturwissenschaftliches Paradigma«* 2010

[401] Nicholas, 2009, S. 25

[402] vgl. hierzu ebd., S. 25: *„Turner's understanding of liminality and marginality may be combined with Makarius' [Makarius, 1993: »The myth of the trickster: the necessary breaker of taboos«] understanding of the trickster as the mythic projection of the magician – standing in the limen between the sacred realm and the profane. Turner's threefold pattern of »fixed situation«, »limen/margin« and »reaggregation« parallels many trickster narratives. [The] trickster narratives [...] conform to Babcock-Abraham's »reflective-creative« function."*

Schwellenpersonen sind Grenzgänger als Gegenfigur einer pastoralen Bedächtigkeit, die als *„Kulturbringer"* Methoden verwenden, die *„das Erlaubte und Vorgeschriebene dauernd durchbrechen und verletzen"*[403].

So ist der Trickster ganz im Stile Mephistos[404] als einer Figur des Dritten *„in seinem Charakter nicht immer und nicht einmal vorwiegend eine positive Figur [...], sondern oft auch (bewusst oder unbewusst) durchtrieben, boshaft, »teuflisch«"*, da er *„sämtliche Tabus der sozialen Beziehungen durchbricht"*, die *„Demarkationen zwischen den Geschlechtern verwischt indem er sich männlich wie weiblich geben kann"*.[405]

Die Bedeutung von Schwellenpersonen wurde im kulturwissenschaftlichen Kontext bestätigt. So erscheint die mythologische Figur des Tricksters als einer *„Figur der Unordnung"*[406]. Für die Grenzen des klassifikatorischen Standpunktes bedeuten sie das notwendige Mittelstück, das die Idee der Ordnung und der gültigen Klassen auf den Kopf stellt.

---

[403] Köpping 1984, S. 198.

[404] In Goethes Faust (Wolfgang Goethe: Faust. Der Tragödie erster Teil 1808) bezeichnet Mephisto sich selbst gegenüber Faust als »*ein Teil von jener Kraft, die stets das Böse will und stets das Gute schafft*«.

[405] vgl. hierzu Köpping 1984, S. 198

[406] ebd., S. 198

„Die Eigenschaften von Schwellenzuständen [...] sind notwendigerweise unbestimmt, da dieser Zustand durch das Netz der Klassifikationen, die normalerweise Zustände und Positionen im kulturellen Raum fixieren, hindurchschlüpfen"[407]. So schlüpfen auch Schwellenpersonen durch das Netz der Identitätsmuster einer narrativen Zuordnung.[408] Denn wenn Identität als Brücke zur Identifikation verstanden wird bedeutet sie dreierlei: andere zu identifizieren, sich selbst zu identifizieren und sich mit anderen zu identifizieren[409].

Aus dieser Perspektive heraus wird kulturelle Identifikation zum einen integrierend und zum anderen ausgrenzend. Das heißt, es entsteht im Individuum ein Verhandlungsakt zwischen Identifikation und Negation. Über diesen Verhandlungsakt entsteht eine Verhaltenssicherheit. *„Wenn sich jemand nicht an die Regeln hält, wird die Interaktion unterbrochen, die anderen sind verwirrt, und man betrachtet ihn als exzentrisch oder gar verrückt"*[410]. Der Raver als Erscheinung des Tricksterhaften ver-rückt nun dieses

---

[407] Turner 1989, S. 9

[408] vgl. hierzu auch Nicholas 2009, S. 26: *„The trickster represents the betwixt and between"*.

[409] Graumann 1999, S. 64.

[410] Argyle 1972, S. 84.

Regelwerk und durchbricht diese Interaktion des Geläufigen, indem er Wirklichkeiten auf den Kopf stellt.

Wenn über das *„Modell des Dialoges"*, wie Crapanzano vermerkt, Realitäten *„ausgehandelt"* werden[411], kommt es nun über den Einzug der Unsichtbaren – als Wiedereroberung der irrationalen Ebenen – zu einer anderen Wechselwirkung im kommunikativen Prozess des Non-verbalen in Form einer metalingualen Metaebene und damit ver-rückt sich der „Aushandlungscharakter der Wirklichkeit"[412] auf ein anderes Niveau als Substanz des Wirkenden.

Tajfel definiert 1982 eine soziale Identität als den Teil eines Selbstkonzeptes eines Individuums, *„der sich aus seinem Wissen um seine Mitgliedschaft in sozialen Gruppen und aus dem Wert und der emotionalen Bedeutung ableitet, mit der diese Mitgliedschaft besetzt*

---

[411] vgl. hierzu Crapanzano 1983, S. 9f
[412] vgl. hierzu Bonß 1985, S. 21

ist".[413] Dabei wird *„das Verhalten nach dem Code der Interaktion"* zu einer auf Übereinkunft beruhenden *„konventionsabhängigen Kommunikation"*[414].

Diese Mitgliedschaft wird beim Trickster veruntreut, da er die Konventionen durchbricht. Sie gleicht eher einer Amalgamierung verschiedener Figuren und ist in diesem Identitätsmuster einer klaren Zuordnung nicht mehr unterzubringen.

Durch die Einschmelzung einer herkömmlichen Typenlehre ist der klare Blick einer strukturellen Unterbringung getrübt und der Raver als Schwellenperson gleicht eher einer Fügung eines Widerspruchs in sich, in Formation einer Wolfs-Herde – im Sinne einer Diskrepanz, als Ansammlung von Unvereinbarkeiten, welches sich in der Herde der Schafe bereits totgebissen hat und sich in einem Überlebenskampf,

---

[413] vgl. hierzu Abrams 1999, S.9: Nach der Social Identity Theorie, entwickelt von Henri Tajfel, kategorisiert der Mensch die Wahrnehmung und strukturiert und systematisiert seine Umwelt und seine Interaktion in Form von Stereotypisierungen. Dies führt zu einer eindeutigen Unterscheidung zwischen Mitgliedern und Nichtmitgliedern einer Kategorie, aus der das Subjekt seine soziale Identität ableitet. Die Verbindung von der sozialen zur kulturellen Identität kann über die interpersonal-interaktive Eingebundenheit einer sozialen Identität hergeleitet werden.

[414] Skorupski 1976, S.90.

als »*Sinn des Unsinns*«[415], als Auswurf einer Kohorte von Unerfüllten nun zusammenkommt – im Stile einer neolutherischen Proklamation: »Hier tanze ich, ich kann nicht anders«.

Der Raver als Schwellenperson entspricht in seiner Enttypisierung einer Gemeinschaft wie die der »*Non-Conformists*«[416], als Gegenentwurf einer Herde als Stallhaltung, die als Übereinkunft einer Herdenrealität, andere Wirklichkeiten immer absorbieren muss, um den sogenannten Wildfang aus dem Umraum zu

---

[415] *Paul Watzlawick stellt bezüglich der Sinnentleerung in der Moderne in seinem Werk »Vom Unsinn des Sinns oder vom Sinn des Unsinns« (1999, S. 64 f) fest: „Die Langweile ist die verdünnteste Form von Angst und Leere. Daher unsere dauernde Suche nach dem Sinn. […] Denken Sie an die wunderbare Bildhaftigkeit der Idee der blauen Blume von Novalis, die irgendwo im Verborgenen blüht und deren Finden dem Leben endgültige Bedeutung und Sinn verleiht. Die Idee ist hochinteressant, weil sie nur zwei Möglichkeiten offenlässt. Entweder ich suche und suche endlos, denn es gibt endlos viele Fundorte. Oder aber ich komme zur Einsicht, dass es die blaue Blume nicht gibt. In dem Fall ist mein Leben sinnlos und untragbar. […] Und Oskar Wilde sagt in » Lady Windermeres Fächer«: Es gibt im Leben zwei Tragödien. Die eine ist die Nichterfüllung eines Herzenswunsches. Die andere ist seine Erfüllung. Von den beiden ist die zweite die bei weitem tragischere. Auch Ernst Bloch schrieb über dieses merkwürdige Phänomen der »Melancholie der Erfüllung«.“*

[416] *vgl. hierzu Gasset 1960, S. 9: „Es gibt Fälle, in denen der distanzierende Charakter der Gruppen offen zutage tritt; etwa bei den englischen Sekten, die sich »Non-Conformists« nennen, das heißt Gemeinschaften derjenigen, die einander nur in Bezug auf ihre Meinungsverschiedenheit mit der großen Masse gleichen.“*

neutralisieren, um diesen in die vorgegebenen Formate – als Zwangseinweisung der Eingenarten – einzuliefern, im Stile eines geschlossenen Vollzuges.

Der Ver-rückte, der darin nirgends unterkommt, wird zum Eigenartigen, Komischen, denn „um seine Eigenheit zu bilden, ist es notwendig, dass sich zuvor jeder einzelne aus besonderen, verhältnismäßig persönlichen Gründen von der Menge trennt. Sein Anschluss an die Gruppe ist sekundär und nachträglich gegenüber der Tatsache, dass er sich vereinzelt hat, und geschieht darum zum guten Teil aus Übereinstimmung im Nicht-übereinstimmen."[417]

Eine Schwellenperson – als Mittler zwischen den Zuständen – setzt dem Typus als Norm einer Struktur eine kontingente Beschaffenheit entgegen, sodass es in einer Performance wie die des Ravens zu einer scheinbar willkürlichen Umkehrung, einem Umbruch kommt, auf den eine neue Performancestruktur folgt. Dieser Umbruch entzieht sich jeder Folgerichtigkeit, setzt aber als Antistruktur die neue Struktur voraus und ist als ein dialektischer sich gegenseitig bedingender Prozess zu verstehen.

Anarchisches durchbricht Konventionen in diesem Stadium einer Existenz im Experimentiersta-

---

[417] ebd., S. 9.

dium. Dadurch, dass der Raver hierbei die gegebenen Konventionen ver-rückt, schaut er bildlich gesprochen durch den Lattenzaun, wie es ein Gedicht von Christian Morgenstern assoziiert:

„Es war einmal ein Lattenzaun

mit Zwischenraum hindurchzuschaun.

Ein Architekt, der dieses sah,

stand eines Abends plötzlich da –

und nahm den Zwischenraum heraus …"[418]

Köpping fügt hinzu, dass der Trickster klassifikatorisch betrachtet *„nicht einzuordnen ist, aber […] dass er für die klaren Grenzen klassifizierter Dinge das notwendige Mittelstück ist, ohne welches die Grenzen und Ordnungen selbst überhaupt nicht sichtbar werden können."*[419] Aus diesem Paradoxon bildet der Trickster eine Figur des Dritten als Mittelsmann, welcher erst über seine inneliegenden Ambivalenz Strukturen erzeugt und legitimiert.

Was hinter diesen Erscheinungen steckt welche sich im Raver als Trickster, Schwellenperson, Grenzgänger und Tabubrecher personifiziert, ist ein Wesenszug als Sublimierung einer periodischen Liminalität *„in der die normalen Regeln (Tabus) außer Kraft gesetzt sind, um durch das Eindringen des Anarchischen*

---

[418] Morgenstern zit. nach Köpping 1984, S. 199.
[419] Köpping 1984, S. 199.

und Chaotischen eben die bestehenden Ordnungen neu zu schaffen und zu legitimieren, sozusagen ex nihilo neu zu beginnen. "[420] Denn „In einer Festzeit bricht die Nichtzeit, die U-Chronie in die Geschichtlichkeit ein und sie ist eine Zeit, in der die Verhaltensweise eine Undifferenziertheit, eine Communitas u-topischer Sozialität ohne normale Regeln durch exzessives, transgressives, tabu-brechendes Handeln heraufbeschwören. "[421]

Mit Ernst Bloch könnt man dazu noch hinzufügen, es geht darum der „möbelierten Verzweiflung des häuslichen Sonntags des Kleinbürgers"[422] zu entfliehen – damit dem Primat des Zweckhaften und Profanen zu entgehen, denn nach dem Gesetz der Dadasophie kann postuliert werden: „Alles soll leben – aber eins muss aufhören – der Bürger, der Dicksack, der Fresshans, das Mastschwein der Geistigkeit, der Türhüter aller Jämmerlichken. "[423]

---

[420]Köpping 1997, S. 1053.

[421]Ebd., S. 1049.

[422]Bloch 1977, S. 274

[423]In der letzten Ausgabe vom Juni 1917 erscheint Huelsenbecks Der neue Mensch, ein anthropologischer Entwurf eines „Dada-Dionysos" (Bergius 1989, S. 95). Er schließt mit den Worten: „Er [der neue Mensch] denkt: alles soll leben – aber eins muss aufhören – der Bürger, der Dicksack, der Fresshans, das Mastschwein der Geistigkeit, der Türhüter aller Jämmerlichken" (Hulsenbeck 2012, S. 37). Vgl. hierzu auch Upravitelev 2016, S. 15: „Auch wenn der Text so ernst und moralisierend – und damit unkomisch – ausfällt, dass Huelsenbeck

sich selbst drei Jahre später von diesem distanziert, endet er mit einer deutlichen Kampfansage gegen die bürgerliche Gesellschaft."

II.6. Back to the basics[424]:

Spiral Tribe – »the Process of Reinvention«

Abruflisten einer kognitiven Intuition führen in ein Gewebe des Seins; als sozialer Körper können sich diese in einer Bündelung der Betrachtung veräußern und transferieren lassen. Die Signifikanz einer Betrachtung anhand eines bewusst gewählten Zuviel-an-allem ist hierbei willkürlich. Das Perspektivische torpediert diese schlüssige Widersprüchlichkeit durch ihre vereinnahmende Außensicht.

So bleibt es immer ein Versuch Wirklichkeiten aufzunehmen und diese auf einer Ebene der Artikulation zu transkribieren. Und doch bleibt dieser Versuch immer ein Pflichtfeld im Anwesen des Menschseins um dieses aus sich heraus verorten zu können.

Ein historischer Abriss als Quereinstieg soll diese Auswahl, als intuitiv aber nicht beliebig in dieser Arbeit legitimieren. So dient die Konkretisierung der

---

[424] »*Back to the basics*« nennt sich auch die älteste Berliner Techno-Partyreihe, „*bringing you the original Berlin 89-92 oldschool rave athmosphere*", vgl. hierzu technohouse.org

Datenlage, in Form von einem Faktum des Geschehen, als Läuterungstotem des Zielgerichteten und als ein Geist der Säuberung, in das eingepflanzte Dickicht der Betrachtungsweisen, welches ein Wildwuchs im Gehege des Zudenkenden darstellen soll, ohne dieses zu sehr beschneiden zu müssen. Die Phantasieauslegung des Lesers soll hierbei gewährleistet bleiben, um die Wissenschaft in die »Feuchtgebiete«[425] der Versammlung – jenseits einer cartesianischen Trockenlegung – zurückzuholen.

Frazer Clark *„believed that he could **dream** situations into existence: if you will it hard enough, it might just happen. The **Shamanarchy** manifesto claimed that »in the ninetees every high street in the land of Britain boasts a club retailing shamanic dancing six nights a week« and suggested the house scene could revive »the noble Albion*

---

[425] In Anlehnung an Charlotte Roches Roman »*Feuchtgebiete*« 2018, vgl. hierzu auch Grof 1998, S. 224: die ozeanische Sexualität besitzt eine *„Ähnlichkeit mit einem Tanz"* und dient nicht der pragmatisch-depressiven Triebabladung als Ausweglosgikeit der Tatsachen im Sinne einer *„Entladung und Erleichterung nach einer Phase heftiger Anstrengungen"*. Sie gehört zur Sublimierung der Spielwelten des Tänzerisch-befreienden, als *„spielerisch und beider Seiten durchringender Energieautausch"* fernab eines Notstandgesetzes der inneren Verarmung.

dream of a golden flowering of civilation«".[426] In der ewigen Gegenüberstellung von underground culture vs popular culture als Spannungsfeld zwischen Zeitgeist und Zerrbild liegt, wie auf der Webseite *»Ethnologie du pipeau«* nachzulesen ist, mit einem Verweis auf Frazer Clark, der Schlüssel zum Gesamtkonzept einer Gruppe wie Spiral Tribe, denn das Wort *»Underground«* stammt zwar aus den frühen 60er Jahren, aber das, worauf es sich bezieht, ist viel älter: die Gegenkultur.

Spiral Tribe stellt nun diese situative *»dream injection«*[427] der Metamorphosen dar. In *»Freie Parties, freie Menschen«* verkünden sie:

„Unsere Events wachsen durch Leute, die ihre eigene Realität kreieren. Du lebst auf den Parties in einer speziellen Spiral-Zeit, in einer Spiral-Realität, du lebst im Moment. Die Spirale ist wie DNA oder wie ein Virus. Sie ist

---

[426] Collin 2009, S. 205. Der 2009 verstorbene *„Godfather of Rave"* (Camden New Journal, 19. 02. 2009) Fraser Clark, der als einer der führenden Köpfe im *»technogaian movement«* galt, glaubte dass die 1990er Jahre die 1960er Jahre auf den Kopf stellten: die 9 ist eine auf den Kopf gestellte 6. Clark plädierte, wie er in *»Rave Culture and the end of the world«* ausführlich darlegt für eine neue Art von Hippie - den *"Zippie"* -, der die *"rechte Techno-Hirnhälfte"* mit der *"linken Hippie-Hirnhälfte"* in Einklang bringt (vgl. hierzu Clarks Vortrag an der Stanford University, 2006).

[427] *»Dream injection«* (Discogs 1995) heißt auch der Titel einer Techno-Serie des Labels Sub Terranean.

endlos. Alle die kommen, werden ein Teil davon, sie kreie-
ren, bestimmen die Atmosphäre. Das ist der Vibe unserer
Parties [can you feel it]. Wir können tausende von Leuten
zusammenbringen, ohne Flyer, ohne Werbung. Nur über
Mundpropaganda, nur durch den Vibe[428] *der die Parties*
umgibt und die Idee die dahinter steht. Das ist der Grund
warum uns die Herrschenden so fürchten."[429]

Anfänge gleichen einem Steinwurf ins Wasser,
welches verschiedene Schwingungen, als rhythmi-
schen Widerhall des ursprünglich Zustandegekom-
menen in anderen Formationen wiederholen, das
Prinzip selbst lässt sich aber in seiner ursprünglichs-
ten Verfassung – fernab der Verwertungen und Un-

---

[428] vgl. zu dem Begriff Vibe St. John 2015, S. 243: *„It is common for*
participants to express the view that they feel more 'alive' within
these contexts than at any other time. Across EDM scenes, the core
of this activity is commonly identified as the 'vibe', the sociosonic
context for transcendent conditions accentuated through audio-
visual media and design, event management practices, dance
performance and pharmacology." Die »Super-liminal:
transformational vibes« [St. John 2020, CTM Festival, Berlin
2020] als Schlüssel zum Übergang zum Anderen, vgl. hierzu
auch Reynolds 1999, S. 154: *When you open your heart, and*
trust the whole group you dance with; when you feel love with
everyone, and they return it, a higher vibration can be reached.
This happens when a crowd is deep into the vibe of House…In the
true sense of rhythmic movement, the effect is to align the physical,
mental and emotional bodies with the oneness of all that I."

[429] Spiral Tribe 23 1996, S. 81

terwanderungen der »*Kulturindustrie*« als omnipotenter, kollektiver Apparat der Verführung[430], wie ein Saatkorn einer Szenerie die sich fortbewegt, herausschälen.

Auch wenn Spiral Tribe als Gründungsväter des Freetekno gelten[431], sind die Schlussfolgerungen die im Sinne einer Diagnose der Zeit, daraus gezogen werden können ebenso auf andere Zeiterscheinungen, im Sinne einer Phänomenologie des Entstehenden zu übertragen. So erfolgt die Wahl auf diesen archimedischen Punkt intuitiv und nicht ausschließlich. Die Typologie des Herausgearbeiteten sollen Möglichkeiten von Daseinsformen die sich gezeitigt haben aufzeigen, als Mahnmal einer gelebten Zwischenwelt fernab der „*Welt der Trennungen*"[432]. So

---

[430] vgl. zur Kulturindustrie Horckheimer/Adorno 1944 »*Dialektik der Aufklärung*«

[431] vgl. hierzu St. John 2001c, S. 29: „*Holding free warehouse and outdoor dance parties, early sound systems Spiral Tribe, DIY Collective and Exodus were central to the free party explosion. [...], vgl. hierzu auch Murray 2001, S. 100: The new age travellers presented a readymade network of countryside festivals (and cheap, strong and reliable dance drugs) which were quickly taken up by squatters and ravers. The Tory Government in Britain were nervous about this novel alliance. Tonka in Brighton, DIY in Nottingham, Bedlam, Circus Warp, LSDiesel and London's Spiral Tribe were the most creative of the new style of sound system, incorporating the cooperative tradition of the black sytems but playing increasingly harder and faster styles of techno.*"

[432] vgl. hierzu Duerr 1985, S. 63

könnte Spiral Tribe, als Geburtshelfer des Freetekno ebenso über einen historischen Abriss von Acidhouse Partys, Warehouspartys oder anderen Szenestätten des anarchisch, noch unkontrollierten geschlussfolgert und herausgearbeitet werden.

Über Rituale des Hereinholens der Zwischenwesen, durch die Enstehung von Freeteknopartys, deren Ausgangspunkt in Spiral Tribe zu sehen ist, entstehen neue Phänomene von Anbetungsformen. In dieser Prozession überschneidet sich das theophore Element als Monstranz des Allerheiligsten – *das Soundsystem* – mit dem demonstrativen Element – *dem Tänzer* – zu einem Korpus in dem sowohl menschliche (den „Akteuren") als auch nichtmenschliche Handlungsträger (den „Aktanten"[433]) gefasst sind. Diese Netzwerke agieren dann ebenso in einer Chiffre eines »Zwischen-den-Stühlen«, als *„Metapher der Geburtswehe für gesellschaftliche Umwälzungsprozesse"*[434] fernab der Registraturen des Offiziellen.

---

[433] Als Akteure und Aktanten – als menschliche und nichtmenschliche Agenten – gelten der Akteur-Netzwerk-Theorie zufolge „alle Entitäten, denen es mehr oder weniger gelingt, eine Welt voller anderer Entitäten mit eigener Geschichte, Identität und Wechselbeziehungen zu definieren und aufzubauen." Callon 1991, S. 140, zit. nach Schulz-Schaeffer 2000, S. 189

[434] Hohnschopp 1993, S. 48

Ähnlich wie Descartes nicht als der Begründer aber als Stabilisator des mechanistischen Weltentwurfs gilt[435], zählt Spiral Tribe ebenso nicht zu den Gründern aber zu den Wegweisern des Freetekno, welches diese Lebensform in die Welt getragen hat und auf die sich viele nachfolgenden Soundsystems berufen.

In dem Buch Technomad heißt es diesbezüglich: *„Spiral Tribe were the most prominentand influential of the techno - or more precisely, tekno - sound systems, and were the vanguard of a mobile traveler, anarcho-dance alliance."*[436] Auf der französischen website mixmax bestätigt Darthout die weltweite Vorreiterrolle im Freetekno: *„»Free Music For Free People«: Porteurs d'un message libertaire historique, les membres de Spiral Tribe sont les précurseurs mondiaux du mouvement free party, initiateurs des teknivals."*[437] Unite Warrior Free beglaubigt ebenso diese Transferleistung des Entstehenden: *„**Spiral Tribe** (souvent surnommé Spi), un **son tekno** originaire de Londres, actif pendant la première moitié des*

---

[435] vgl. hierzu Hölzel 2006, S. 18: *„Descartes gilt sowohl als »Begründer der neuzeitlichen Philosophie« (Weischedel 1966), als auch als Begründer der »Neufassung der Wissenschaften« (Fischer 1995), jedoch nicht als Begründer der Mechanistik, sondern lediglich »[...] als deren Stabilisator für das allgemeine Bewußtsein der Zeit« (Hagmann 1955)."*

[436] St. John 2009, S. 36

[437] Darhout 2017

années 1990 et à l'origine du mouvement free party en Europe."[438]

Bezogen auf den Mythos von Spiral Tribe erwähnt Noémie Lequet von der Universität Bordeaux, dass Spiral Tribe, auch wenn andere Soundsystems nach Europa auswanderten, den Techno-Virus übertrugen und als Begründer der Free Party Szene und ihres Lebensstils gelten. Wie er weiter angibt liegt dies zum einen an der von den Gründungsmitgliedern selbst gewählten Haltung, da sie sich selbst als Anführer der Bewegung darstellen. Auf diese Weise katalysieren sie den Aufschwung des Freetekno auf ihre Weise. Andererseits wird schnell eine Verbindung zwischen den Spirals und all den anderen Djs und Travellern hergestellt. Diese Mixture, was Lequet als Amalgamierung bezeichnet, wird im übrigen durch die Haltung der Gründungsmitglieder selbst geschaffen, die nicht zögern, auf jeder Free-Party zu wiederholen: *"If you come in the tribe, you're a Spiral Tribe!"*[439]

In »*FreeNRG: notes at the edge of the dance floor*« bekräftigt St. John hinsichtlich des Ausgangspunktes der Soundsystem- und DiY Culture Spiral Tribe

---

[438] Unite Warrior Free
[439] vgl. hierzu Lequet 2010

ebenso als ursprünglichen Indikator für dieses Phänomen:

„Technocultures are developing beyond the 'e'-volutionary diatribe of 'dunce culture' with habituees desiring to make sense of their world, uploading their demands for a legitimate place within it. Travelling the UK festivals in the early nineties, the original tech-savvy indicator of this phenomenon was probably »the peoples sound system«, Spiral Tribe. Whereas the London orbital party promoters »had seen the English countryside as a green-field developmentsite for ... [their] new leisure concept, the Spirals understood it as a politically charged environment, an historic arena for a clash between rebels and oppressors«."[440]

1988 entdeckte ein Clubber namens Mark Harrison in Manchester im Nachtclub Haçienda die House-Musik. Das war für ihn eine Offenbarung. Schon mit vierzehn Jahren erlebte er das Stonehenge Free Festival, wo er Hawkind hörte – *„the people with the illegal sound system then."*[441] Die Erneuerung des festlichen Moments im Kontext der Acid House Bewegung der 90er Jahre drückt Mark Harrison in den Worten aus:

---

[440] St. John 2001a, S. 174
[441] St. John 2009, S. 37

„House kommt und die Verführung beginnt."[442] In London angekommen, beschloss er, zusammen mit seinem Bruder Alexander und seinen Freunden Debbie Griffith und Simone Feeney genug Geld zu sammeln, um eine ausreichende Ausrüstung für ein Soundsystem zu kaufen. Sie waren von der Idee der Freepartys begeistert und wollten das Experiment mitten in London wagen. Die erste ihrer Freepartys mit dem Namen *"Detension"* fand im Oktober 1990 in einer verlassenen Schule in Willesden, einem nördlichen Teil Londons, statt.[443]

Wie Christiana Breinl in ihrem 2012 erschienen Buch »*Free Tekno – Geschichte einer Gegenkultur*« bezüglich der Anfänge im Freetekno hinsichtlich der Anfangsformationen der Soundsystems in England weiterschreibt, *„begann sich 1990 eine Koalition aus Travellern und Ravern am Glastonburny Festival zu formieren, die zu Beginn durchaus im gemeinsamen Interesse, so lange wie möglich Party zu feiern, verbunden waren. […] Bei dieser Zusammenführung von Ravern und Travellern spielte das Do it Yourself Sound System aus Nottingham eine entscheidende Rolle. […] 1990 schloss sich Do it Yourself in Glastonbury mit einer Gruppe Travellern*

---

442 Ethnologie du Pipeau 2005: *„La house arrive et la séduction commence"*
443 vgl. Breinl, 2012, S. 68

zusammen und sie begannen gemeinsam Free Parties zu veranstalten, wobei die Ansicht der Traveller, Partys umsonst und für alle zugänglich zu machen, übernommen wurde."[444]

DiY schloss sich später mit anderen Soundsytems zur Allianz »*All Systems*« zusammen, ganz im Stile eines Umkehrschlusses zu Vinca Petersons Narrativ eines »*No System*«[445].

Wie St. John hinsichtlich den »*Voices of the new age nomads*« feststellt: *„»Never has been folk music so accessible or so loud« (according to Spiral Tribe's Mark Harrison).*"[446] Harrison der zu dieser Zeit als Grafikdesigner arbeitete, entwarf für diese Party Spiralformationen die von versteinerten Ammoniten inspiriert waren. Von nun an hatte das Soundsystem einen Namen: Spiral Tribe. Als die Gründungsmitglieder des

---

[444] ebd., S. 66f

[445]»No System« (Peterson 1999) stellt ein bekanntes Fototagebuch dar, welches ihr Leben in den 90ern innerhalb der Freeteknoszene dokumtentiert. „No System *were souvenirs from the decade Petersen spent living on the road as she followed various sound systems around Europe, putting on free parties and living nomadically.*" Vgl. Hutton 2020

[446] St. John 2001b, S. 7, denn Spiral Tribe ging es vor allem darum, wie schon oben erwähnt *„to make some fucking noise"*, um die offiziellen Registraturen zum Beben zu bringen.

Soundsystems sind Mark Harrison, Debbie Griffith and Simone Feeney[447] zu nennen.

„Right from the start Spiral Tribe was always moving, always in flux. Even when we'd decided on the name, Spiral Tribe, and got the sound equipment together, it was never a clearly defined entity, though it certainly was an entity, all of its own. And that, I suppose, was one of the interesting things about it. It was always growing – open to new ideas, new directions, new people. As a collective we were able to channel ideas and bring them into being – quickly. We could be spontaneous. We could be inventive and experimental.

I think this was only possible because we were squatters and had no shortage of space. Where so many people found themselves creatively stifled by unaffordable rents, we were able to take things into our own hands. If we needed more space we just searched it out and opened it up. And therein lies another interesting thing about squatting: because it removes people from the hierarchical and restrictive system money imposes, it creates yet another layer of space. A layer that opens up possibilities of horizontal organisation and non-hierarchical structure. Squats are great places for social experiments – and

---

[447] vgl. Cohen 2009, S. 214: *„The three founding members of Spiral Tribe/SP23 were Mark Harrison, Debbie Griffith and Simone Feeney".*

without deliberately setting out to, there was more than just an element of that in Spiral Tribe."[448]

Da es keine Treffen im eigentlichen Sinne gab, war Spiral Tribe praktisch eine *"Desorganisation"*. Der Tribe besaß eine *„entheogen-inspired anarcho-mystical"* Ausrichtung.[449] Wie Mark Harrison beschrieb wurde die Zahl 23 – die Anklänge zu Crowley, Wilson und Burroughs impliziert und dem Tribe-Namen beigefügt wurde, eine mythische Kognition beigemessen, die zu einer Art Symbolon im Sinne eines Erweckungserlebnis wurde. Sie wurde zu einer *„magical intrigue"*, zu einem seltsamen unbekannten Element, welches es zu entdecken gab. In Assoziation zum Trickstermotiv wurde sie zu einer Art *„cosmic joke"*, zu einem Code für die Eingeweihten. „We were in the business of waving this magic, this secret, back in their faces. We shouted that, »we had the code«."[450]

---

[448] Harrison in Transpontine

[449] vgl. hierzu St. John 2009, S. 38.

[450] vgl. St. John 2009, S. 39, vgl. hierzu auch Harrison in Transpontine: *„In fact it was me who first introduced the number 23 to the tribe. Which is odd, because I know exactly how the number presented itself (all is revealed in my book!), and it had nothing to do with any pre-existing individual, group or subculture. I had no idea that others already had a fascination with it – including Psychic TV, William Burroughs, Robert Anton Wilson et al. And that is the interesting thing about the 23 current.*

Von Abend zu Abend brachten die Spiral Tribe alle besetzten Häuser in London zum Kochen und vergrößerten ihre Mitgliederzahl mit Freepartys und Acid-House-Musik. Am ersten Tag der Sommersonnenwende 1991 machten sich Spiral Tribe auf den Weg zum *People's Free Festival* in Longstock, das etwa 20 Meilen von den Steinen von Stonehenge entfernt lag.

„»It was on one of these ancient greenways, this old Roman or prehistoric road,« says Harrison. »Up until that point I thought ley lines, solstices and all that mumbo-jumbo was just hot air, I had no belief in it. Suddenly that all changed. Something just clicked, we were on a groove and we knew who we were. We got an inkling of the gravity of what we were up to and what we were about. It was bigger than all of us! […] We would all be on that kind of buzz, realising that what we had here extended beyond each and every one of us and beyond the material thing of having a sound system. This is where the whole philosophy

---

It's out there – but what does it all mean? For me (among other things) it's an anti-icon icon. It doesn't represent any belief system, religion, or political agenda. It just is. But that's not to dismiss it as irrelevant. Quite the opposite. Its beauty for me is in its mystery. It defies meaning and control. It pops up everywhere and usually in peculiar circumstances – which puzzles and teases the observer – challenging them to find some kind of logic. But it defies meaning – or more accurately: any meaning that we try to impose on it. **Make of that what you will…"**

of the Spiral Tribe has his roots. But what was a great mystery and surprise – and still is – is it was already within us. We hadn't actually been aware of that until it was up and running, and it showed us. It was spooky.« [451]

Der von Harrison beschriebene Zustand, dass etwas »*Klick*« gemacht hat, drückt die Begegnung mit dem Anderen aus. Die Spirals waren von nun Bessene, sozusagen verhext von einer unmittelbarsten Gegenwart der sie nicht mehr entrinnen konnten, der *Daimon* hatte sie erfasst in Form von »*Einstrahlungen*« der Metamorphosen.

Nach diesem Festival hatte sich das Aussehen der Mitglieder verändert: Alle hatten kahlgeschorene Köpfe, trugen schwarze Kleidung und Militärklamotten. [452] Sie hatten ein Ziel gefunden, eine *"Mission"*: Reisen, sieben Tage die Woche, 24 Stunden am Tag, Techno-Vibes im Rhythmus der Boxen erleben. Die Spiral Tribe kehrten nicht nach London zurück, sondern blieben Wochenende für Wochenende auf der Straße.

---

[451] Collin 2009, S. 214f.

[452] vgl. St. John 2001a, S. 174: *„A loose collective, the Spirals wore black post-apocalyptic apparel with their insignia 'breach the peace/make some fucking noise' prominent.“*

Als Zukunftsvordenker glaubten Spiral Tribe, dass sie mit prähistorischen Nomadenstämmen verbunden seien und dass Techno die neue Volksmusik sei. In Form einer *„pan-global army of techno-pagans and dancefloor dissidents"*, die wie St. John angibt auf eine zunehmende Identifikation mit den Kelten hinweist, soll ein »*terra-technischer Anarchomystizimus*« in Form einer spirituellen Entkleidung – als Offenlegung von verschüttgegangenen Daseinsformen – verfolgt werden.[453]

Wie Harrison in »*Altered State*« verkündet:

„The system played on and on and on, for fourteen long days and nights, from August into September, never slacking, never slowing; sleep deprivation driving the Tribe onwards to some sort of epiphany, a feeling that was almost religious. »To experience that, you experience a world you didn't know existed«, explained Mark Harrison. »The sun goes down, the moon comes up and you see the world spinning. My record is nine days without sleep. It's a shamanic thing«."[454]

Die Musik wird zum Systemsprenger. Dadurch, dass das Betriebssystem Mensch über diese aggressive Musikanbetung in Fetzen gehauen wird, kollabiert das Versuchslabor der Einkerkerung über eine

---

[453] vgl. hierzu St. John 2001a, S. 174
[454] Collin 2009, S. 217

reine Verstandesveranlagung in der Conditio Humana. Der Kollateralschaden des – um es im Sprachjargon der Raver auszudrücken – »Zuviel«, »Zuarg«, »Zuheftig« dient dabei der Opferanbetung, als Totemismus der Moderne; wichtig ist die Inhalation des Unsichtbaren. Das Soundsystem fungiert als Intensivstation, indem die Bässe zum Defibrillator – als Schockgeber einer Wiederbelebung des zu Tode gedachten Leichnams stimulieren. Der Leichenschmaus als Bestattungsvorgang wird über tagelange Infiltrationen zum Begattungsvorgang, indem Spiral Tribe den Totgesagten die Frohe Botschaft der Wiedererweckung liest, nächtelang, stundenlang jede Woche immer wieder. Der Persönlichkeitsstruktur wird dabei so kontaminiert, dass diese nicht mehr über Verstandeswege reflektiert, sondern nur noch in einer Dauerbeschallung der Sinnesorgane besinnungslos-besinnlich durch das Leben hüpft.

„Die unausgesprochene Regel und Initiation, um sich zum System zählen zu dürfen, war der Anspruch, diese Art zu leben 24 Stunden nonstop zu praktizieren."[455] Die *Spirals* verglichen ihre Freetekno-Zusammenkünfte mit schamanistischen Ritualen, in der das Soundsystem die Rolle des Technoschamanen und Weihepriesters innehat, welche die naturentfremdete

---

[455] Breinl 2012, S. 72

Stadtjugend zu Initianden eines Natursettings macht, die über exzessive Tanzerlebnisse mit Hilfe von elektronischer Musik ihre Stammesinitiation erleben und zu einer Wiedererweckung einer Naturerfahrung kommen. *„Ihre Message drückte sich in dem Anspruch: »We are here to re-connect the earth« aus.“*[456]

Wie Collin in seinem Buch diesbezüglich notiert, verglichen sie die Bewussstseinserschütterungen die anhand der transgressiven Tanzexzesse ausgelöst wurden mit tiefergehenden Ritualpraktiken, die Seinsverkrustungen durchstoßen können: *„[Using] shamanic rituals, they could avert the ecological crisis facing humanity by facilitating an evolutionary leap to a higher level of conciousness.“*[457] Das Spiral Tribe Mitglied Prangsta erwähnt in einer Email-Korrespondenz: *„We were in possession of magic most high and we were reclaiming it for people, indeed we were freely giving it back!“*[458] Man könnte auch von einem Aufruf zur Mutation in Form einer Kurzschluss-Metamorphose bzw. einer *»anthropologischen Mutation«* im Sinne Pasolinis sprechen[459] : *„This, then, was principally*

[456] vgl. ebd., S. 72

[457] Collin 2009, S. 221

[458] St. John 2009, S. 40

[459] Guillaume Paoli, Mitbegründer der *"Glücklichen Arbeitslosen"*, hat sich in seinem Werk *»Die Lange Nacht der Metamorphose«* (2017) *Pasolinis »anthropologische Metamorphose«* aus den

symbolic terrorism, an esthetic rooted in the guerrilla semiotics of 1970s punk and mutating into the nomadic crusty traveler throughout the 1980s, as exemplified by the Mutoid Waste Co. The Spirals had taken the Mutoid's advice: "mutate and survive."[460]

Es geht in diesem imaginären tieferliegenden Herbeisehnen um eine Essenz von alten in der Moderne verlorengegangenen Utopien, als Voraussetzung einer Geburtsstunde, um das Schließfach einer kadaverhaften Selbstverharrung, als Abkapslung des doch immer gleichen, zu öffnen, notfalls mit einem

---

70ern in einen kontextuellen Bezug zu den Gegenwartsverhältnissen gesetzt (vgl. hierzu Livi 2018): *„Eine kulturalistische Transformation (wie die anthropologische von Pasolini), die sich in einem gefährlichen neuen common sense substantiiert, welcher wiederum »aus einem Set von Meinungen, Geschmäckern, Korrektheiten und Verhaltensregeln, die nicht mehr hinter-fragt werden«, bestehe, hat für Paoli nicht zuletzt eine tiefere politische Bedeutung. [...] Denn für Paoli verhindert «die Fragmentierung des sozialen Kollektivs in transitorische Identitäten ..., dass diese auf die Idee kommen, sich zu verbinden."*
[460] St. John 2009, S. 46

Sprengsatz in Form eines wochenlangen »*Schallterro-
rismus*«[461] und eines Überschallchaos[462], um sich aus
dem eng umrundenden Kreislauf der ewigen Fragestellungen zu befreien – denn nur über den ganz un-
modernen Kontakt mit dem Anderen, Exklusiven[463]
kann der Mensch sich selbst als Schöpfungsakt erfahren.

---

[461] vgl. hierzu Unite Warrior Free: „*Sound System Spiral Tribe par
exemple, ont une politique de terrorisme sonique, une attitude
extrême , caractérisés par leur « Make Some Fuckin 'bruit » slogan
c'était directement en opposition avec les idéaux traditionnels de
voyageurs qui veulent souvent rien de plus qu'un «calme la vie».*"

[462] vgl. hierzu St. John, S. 59: „*Describing their performance, Nel
Stroud states that Spiral were »promising something and then
screaming ultrasonic violent chaos ... Rhythms careening forward
piling into the future, bellowing into the sky, and then a voice
sampled »YOU DON'T KNOW WHAT YOU'RE DEALING
WITH«.*"

[463] vgl. hierzu Pons 1999, S. 240: „Exklusiv »*außergewöhnlich,
ausschließlich*« (< 19. Jh.). […] Dieses aus lat.   *exclūsivus*
»abgesondert«, einer Adjektivbildung zu lat.   *exclūdere*
(*exclūsum*) »absondern«, zu lat.   *claudere* »schließen,
sperren«" Damit wird das Exklusive somit Heraus-
Schließende (lat.   *ex-*. »aus, heraus«, lat.   *claudere*
»schließende«) als »Außergewöhnliches« **zum Schlüssel** (lat.
clavis) **des Sich-Öffnenden.**

DENKMARKEN - **Anstelle eines Fazits**

„Seien wir auf der Hut vor der größten Gefahr, die es gibt – davor, dass uns das Leben etwas Gewöhnliches wird."

„Der Mensch wird zwar erzogen, aber er bildet sich selbst."

„Erst, wenn das Herz die Armee der Gedanken kommandiert, gewinnen Tatsachen und Feststellungen ihren Wert."

„Sie werfen den heißen Atem des Lebens ohne Einbuße zurück, weil jede Antwort bereits in der Art zu fragen beschlossen liegt."

„Es gleicht einer Art von Mumienschändung aus dem Gewordenen immerdar auf das Werdende zu schließen."

„Die Not macht das Leben tief, sie ist die Mutter des Notwendigen."

„Die Ordnung selbst wird unnütz, sobald sich in ihr der große Traum nicht mehr verwirklichen lässt."

„Denn nur wenn uns dieses Gefühl beseelt, werden wir unwiderstehlich sein."

aus Ernst Jünger »Das Abenteuerliche Herz – Aufzeichnungen bei Tag und Nacht«

BIOGRAPHIE

Abrams, Dominc, Michael A. Hogg (1999): *Social Identity and Social Cognition. Historical Background and Current Trends*, in: ders. (Hrsg.), Social Identity and Social Cognition, Malden, Mass.: Blackwell Publishers, S. 1-25.

Argyle, Michael (1972): *Soziale Interaktion*. Köln: Kiepenheuer & Witsch.

Anders, Günther (1988): *Über die Zerstörung des Lebens im Zeitalter der dritten industriellen Revolution*, München: Verlag Beck.

Anderson, Benedict (2003 [1983]): *Imagined Communities. Reflections on the Origin and Spread of Nationalism*, London: Vero.

Anderson, Tammy L. (2007): *A Rave Review. Conceptual Interests and Analytical Shifts in Research on Rave Culture*, in: Sociology Compass 1/2, S. 499–519. https://doi.org/10.1111/j.1751-9020.2007.00034.x

Baudrillard, Jean (1978): *Agonie des Realen*, Berlin: Merve Verlag.

Bauman, Zygmunt (1995a): *Legislators and interpreters. On modernity, postmodernity and intellectuals*, Oxford: Polity Press.

Bauman, Zygmunt (1995b): *Moderne und Ambivalenz. Das Ende der Eindeutigkeit*, Frankfurt am Main: Fischer Verlag.

Baumam, Zygmunt (1995c): *Ansichten der Postmoderne*, Hamburg: Argument Verlag.

Bauman, Zygmunt (1997): *Flaneure, Spieler und Touristen. Essays zu postmodernen Lebensformen*, Hamburg: Hamburger Edition.

Bauman, Zymunt 2000. *Liquid Modernity*, Cambridge: Polity Press.

Bennett, Andy 1999. *Subcultures or Neo-Tribes? Rethinking the Relationship between Youth, Style and Musical Taste*, in: Sociology. The Journal of the British Sociological Association, Volume 33, Issue 3, S. 599-617.

Bergfleth, Gerd (1985): *Theorie der Verschwendung. Einführung in Georges Batailles Antiökonomie*, München: Matthes & Seitz.

Beck, Ulrich (2001 [1986]): *Risikogesellschaft. Auf dem Weg in eine andere Moderne*, Frankfurt am Main: Suhrkamp Verlag.

Beck, Ulrich (2017): *Die Metamorphose der Welt*, Berlin: Suhrkamp Verlag.

Becker, Ernest (1975): *The Denial of Death*, New York: Free Press.

Bergius, Hanne (1989): *Das Lachen Dadas. Die Berliner Dadaisten und ihre Aktionen*, Gießen: Anabas-Verlag.

Bloch, Ernst (1977): *Das Prinzip Hoffnung*, Frankfurt am Main: Suhrkamp Verlag.

Bonacker, Thorsten (2014): *Moderne und postmoderne Gemeinschaften. Baumans Beitrag zu einer Theorie symbolischer Integration*, in: Matthias Junge, Thomas Kron (Hrsg.), Zygmunt Bauman. Soziologie zwischen Postmoderne, Ethik und Gegenwartsdiagnose. Wiesbaden: Springer Verlag, S. 153-186.

Bonß, Wolfgang, Heinz Hartmann (1985): *Konstruierte Gesellschaft, rationale Deutung. Zum Wirklichkeitscharakter soziologischer Diskurse*, in: ders. (Hrsg.), Entzauberte Wissenschaft. Zur Relativität und Geltung soziologischer Forschung. Göttingen: Otto Schwarz, S. 9-46.

Brad, Evans (2006): *Where was Boas During the Renaissance in Harlem? Diffusion, Race and the Culture Paradigm in the History of Anthropology*, in: Central Sites, Peripheral Visions. Cultural and Institutional Crossings in the History of Anthropology. History of Anthropology, Volume 11, Wisconsin: University of Wisconsin Press, S. 69-99.

Braidotti, Rosi (2015): *Nomadische Subjekte*, in: Susanne Witzgall, Kerstin Stakemeier (Hrsg.), Fragile Identitäten, Zürich: Diaphanes Verlag, S. 147-156.

Breinl, Christiana (2012): *Free Tekno. Geschichte einer Gegenkultur*, Wien: Lit. Verlag.

Breyer, Thiemo (2013): *Handlung, Text, Kultur. Überlegungen zur hermeneutischen Anthropologie zwischen Clifford Geertz und Paul Ricoeur*, Universität Heidelberg, in: Meta. Research in Hermeneutics, Phenomenology, and Practical Philosophy, Vol. V, No. 1, S. 107 – 129.

Capra, Fridjof (1991): *Wendezeit. Bausteine für ein neues Weltbild,* München: Deutscher Taschenbuch Verlag.

Chun, Chul (2010): *Kreativität und Relativität der Welt beim frühen Whitehead. Alfred North Whiteheads frühe Naturphilosophie (1915-1922). Eine Rekonstruktion*, Neukirchen-Vluyn: Neukirchener Verlag, zugleich: Heidelberg, Universität, Dissertation.

Clark, Fraser (2006 [1996]): *Rave Culture and the End of the World*, in: Psychedelic Salon Podcast 045, Stanford, Calif.: Stanford University. https://psychedelicsalon.com/podcast-045-rave-culture-and-the-end-of-the-worldas-we-know-it/

Collin, Matthew (1997): *Altered State. The story of ecstasy culture and acid house*. London: Serpents Tail.

Cornell, T. (1995): *The beginnings of Rome. Italy and Rome from the Bronze Age to the Punic Wars*, London & New York: Routledge.

Crapanzano, Vincent (1983 [1980]): *Tuhami. Portrait eines Marokkaners*, Stuttgart: Klett- Cotta Verlag.

Darthout, Camille-Léonor (2017): *La Famille Spiral Tribe Réunie à Paris pour 12 Heures de messe Techno Épique*, in: Mixmax France.
https://mixmag.fr/read/spiral-tribe-glazart-noel-news

Delbrück, Anton (2016 [1891]): *Die pathologische Lüge und die psychisch abnormen Schwindler. Eine Untersuchung über den allmählichen Übergang eines normalen psychologischen Vorgangs in ein pathologisches Symptom für Ärzte und Juristen*, Berlin: EOD Network.

Deus, Fabian (2014): *Fortschritt und Evolution im Neoevolutionismus*, in: Forum Interdisziplinäre Begriffsgeschichte 3/1, Berlin: Leibniz-Zentrum für Literatur- und Kulturforschung, S. 60-72.

Deus, Fabian, Anna-Lena Dißelmann, Luisa Fischer, Clemens Knobloch (2015): *Einleitung der Herausgeber/-innen*, in ders. (Hrsg.): Die Kultur des Neoevolutionismus. Zur diskursiven Renaturalisierung von Mensch und Gesellschaft, Bielefeld: Transcript Verlag, S. 9 – 45.

Deleuze, Gilles, Félix Guattari (1977): *Rhizom*, Berlin: Merve Verlag.

Derrida, Jaques (1978): *Writing and difference*, London: Routledge.

Deutsche Gesellschaft für Semiotik: *Was ist Semiotik?* http://www.semiotik.eu/Semiotik

Digitales Wörterbuch der Deutschen Sprache, Berlin: Berlin-Brandenburgische Akademie der Wissenschaften. http://www.dwds.de/

Döbereiner Wolfgang: *Gesamte Werke*, Herrsching: Döbereiner Verlag.

Dorsch. Lexikon der Psychologie, Bern: Hogrefe Verlag. https://dorsch.hogrefe.com/

Duden (2020): *Das Herkunftswörterbuch. Etymologie der Deutschen Sprache*, Berlin: Verlag Bibliographisches Institut.

Duerr, Hans Peter (1985 [1979]): *Traumzeit. Über die Grenze zwischen Wildnis und Zivilisation*, Frankfurt am Main: Suhrkamp Verlag.

Duerr, Hans Peter (1985): *Satyricon*, Frankfurt a. M.: Suhrkamp Verlag.

Duerr, Hans Peter (2000): *Der Genussmensch ohne Herz*, in: Der Spiegel 49.
https://www.spiegel.de/politik/der-genussmensch-ohne-herz-a-93d89f79-0002-0001-0000-000017976642

Dumke, Oliver (2001): *Techno als säkulare Liturgie. Anmerkungen zu Form und Funktion von Gottesdienst und Technoevent*, in: Roland Hitzler, Michaela Pfadenhauer (Hrsg.), Techno-Soziologie. Erkundungen einer Jugendkultur, Opladen: Verlag Leske + Budrich, S. 69 – 84.

Dunbar, Ian MacDonald (1993): Coevolution of neocortical size, group size and language in humans, in: Behavioral and Brain Sciences. 16, S. 681.

Eckhardt, Annegret (1996): *Artifizielle Störungen*, in: Deutsches Ärzteblatt 93, Heft 24, S. 1622–1626.

Eliade, Mircea 2014 (1951): *Schamanismus und archaische Ektstasetechnik*. Frankfurt am Main: Suhrkamp Verlag.

Eliade, Mircea 2008 (1957): *Das Heilige und das Profane. Vom Wesen des Religiösen*, Köln: Anaconda Verlag.

Eliade, Mircea (1992 [1978]): *Schamanen, Götter und Mysterien. Die Welt der alten Griechen*, Freiburg im Breisgau: Herder Verlag.

Ensslin, Felix (2019): *„Dystopien sind realistischer". Die Philosophin Ágnes Heller als Dramaturgin unserer Zeit. Szenen einer Erinnerung*, in: Theater der Zeit, Heft 10. Berlin: Theater der Zeit.
https://www.theaterderzeit.de/2019/10/extra/38091/komplett/

Fehring, Astrid (1995): *Gedanken zum Zusammenhang unserer Gegenwart mit der Geschichte an Beispielen aus Philosophie, Wissenschaft, Religion und Politik*, Karlsruhe: Selbstverlag.

Fischer-Lichte, Erika (2009): *Einleitung. Zur Aktualität von Turners Studien zum Übergang vom Ritual zum Theater*, in: Victor Turner, Vom Ritual zum Theater. Der Ernst des menschlichen Spiels, Frankfurt: Campus Verlag, i – xxiii.

Folkers, Andreas, Katharina Hoppe (2018): *Von der Modernisierung zur Ökologisierung. Werden und Biopolitik bei Deleuze, Guattari und Haraway*, in: Heike Delitz, Frithjof Nungesser, Robert Seyfert (Hrsg.), Soziologien des Lebens. Bielefeld: Transcript Verlag, S. 137-164.

Foucault, Michel (1993 [1967]): *Andere Räume*, in: Karlheinz Barck (Hrsg.): Aisthesis. Wahrnehmung heute oder Perspektiven einer anderen Ästhetik. Leipzig: Reclam Verlag, S. 34-46.

Foucault, Michel (2005): *Subjekt und Macht*, in ders.: Analytik der Macht, Frankfurt am Main: Suhrkamp Verlag, S. 240-263.

Frazer, James George (1913): *The Golden Bough. A Sudy in Magic and Religion*, London: Macmillan.

Freeman, John (1995 [1964]): *C. G. Jung. Zugang zum Unbewussten*, in: C. G. Jung, Marie-Louise von Franz (Hrsg.), Der Mensch und seine Symbole, Solothurn: Walter, 1995, S. 20 – 103.

Friedell, Egon (1976 [1928]): *Kulturgeschichte der Neuzeit*, München: Deutscher Taschenbuch Verlag.

Friedrich, Sabine (1998): *Die Imagination des Bösen. Zur narrativen Modellierung der Transgression bei Laclos, Sade und Flaubert*, Tübingen: Narr Verlag, teilweise zugleich: München, Universität, Dissertation, 1997.

Fromm, Erich (1979): *Haben oder Sein. Die seelischen Grundlagen einer neuen Gesellschaft*, München: Deutscher Taschenbuch Verlag.

Galli, Anna Arfelli (2015): *Daniel Stern und die Entwicklung der Intersubjektivität*, in: Phänomenal. Zeitschrift für Gestalttheoretische Psychotherapie, 7(2), S. 27-35.

Garrat, Sheryl (2016): *Vinca Petersen. No System*, in: Aperture, No. 224, New York: Aperture Foundation, S. 100 – 109.

Gasset, José Ortyga y (1960 [1930]): *Aufstand der Massen*, Hamburg: Rowohlt Verlag.

Goldstein, Jürgen (2007): *Kontingenz und Rationalität bei Descartes. Eine Studie zur Genese des Cartesianismus*, Hamburg: Meiner Verlag.

Goethals, Gregor 2003. *Ritual und die Repräsentation von Macht in Kunst und Massenkultur*, in: Andréa Belliger, David Krieger (Hrsg.), Ritualtheorien. Ein einführendes Handbuch, Wiesbaden: Westdeutscher Verlag, S. 299-318.

Grassi, Ernesto (1963): *Vorwort*, in: Walter Friedrich Otto, Die Wirklichkeit der Götter. Von der Unzerstörbarkeit griechischer Weltsicht, Stuttgart: Klett Verlag, S. 7-9.

Graumann, Carl Friedrich (1999): *Soziale Identitäten. Manifestation sozialer Differenzierung und Identifikation*, in: Reinhold Vierhoff, Rien T. Segers (Hrsg.): Kultur, Identität, Europa, Frankfurt, Main: Suhrkamp Verlag, S. 59-74.

Greenblatt, Stephen (2000 [1997]): *The Touch of the Real.*, in: Catherine Gallagher (Hrsg.), Practicing new Historicism, Chicago: The University of Chicago Press, S. 20-48.

Grimes, Ronald (1976): Ritual Studies. *A Comparative Review of Theodor Gaster and Victor Turner*, in: Religious Studies, Review 2, No.4, Houston, Texas: Rice University, S. 13-25.

Grof, Stanislav (1998): *Geburt, Tod und Transzendenz*, Reinbek bei Hamburg: Rowohlt Verlag, S. 224.

Groothuis, Douglas (1999): *The Soul in Cyperspace*, Eugene, Oregon: Wipf & Stock Publishers.

Gruen, Arno (1989): *Der Wahnsinn der Normalität. Realismus als Krankheit. Eine grundlegende Theorie der menschlichen Destruktivität*, München: Deutscher Taschenbuch Verlag.
Gündüz, Burcu (2003): Rave as Carnival, zugleich: Ankara, Universität, Master.
https://www.thesis.bilkent.edu.tr/0002471.pdf

Hall, Edward T. (1990 [1966]): *The hidden dimension*, New York, NY: Anchor Books.

Heidegger, Martin (2006 [1941]): *Die Metaphysik des deutschen Idealismus. Zur erneuten Auslegung von Schelling. Philosophische Untersuchungen über das Wesen der menschlichen Freiheit und die damit zusammenhängenden Gegenstände (1809)*, Frankfurt am Main: Klostermann Verlag.

Heidegger, Martin (1972 [1927]): *Sein und Zeit*, Tübingen: Niemeyer Verlag.

Hitzler, Roland (1999): *Verführung statt Verpflichtung. Die neuen Gemeinschaften der Existenzbastler*, in: Claudia Honegger, Stefan Hradil, Franz Traxler (Hrsg.), Grenzenlose Gesellschaft?. Verhandlungen des 29. Kongresses der Deutschen Gesellschaft für Soziologie, des 16. Kongresses der Österreichischen Gesellschaft für Soziologie, des 11. Kongresses der Schweizerischen Gesellschaft für Soziologie in Freiburg i.Br., Opladen: Verlag Leske + Budrich, S. 223-233.

Hitzler, Ronald, Anne Honer, Michaela Pfadenhauer (2008): *Zur Einleitung. „Ärgerliche Gesinnungsgebilde*, in: ders. (Hrsg.): Posttraditionale Gemeinschaften, Theoretische und ethnografische Erkundungen, Wiesbaden: VS Verlag für Sozialwissenschaften, S. 9-31.

Hölderlin, Friedrich (2003 [1808]): *Patmos*, in: Gutenberg Edition. https://www.projektgutenberg.org/hoelderl/gedicht e/chap131.html

Höller. Christian (2003): *Globaler Porzellanladen. Interview mit dem Soziologen Zygmunt Bauman über gesellschaftliche und kulturelle Umbrüche im Zuge verstärkter Globalisierungsprozesse*, Wien: Springerin. Hefte für Gegenwartskunst, 2, Wien: Springerin, S. 18-23.

Hölzel, Christoph (2006): *Subjekt-Objektbeziehungen im kulturellen Wandel der Zeit. Die Invasion der Quasi-Objekte*, Heidelberg, Universität, Magister.

Hölzel, Christoph (2009): *Von der Theorie des Schauens zur Theorie des Starrens*, in: Ex Nihilo 13, Ering: Verlag Bertrand, S. 6ff.

Hölzel, Christoph (2011): *Eine Obstipation des Schicksals*, in: Ex Nihilo 17, Ering: Verlag Bertrand, S. 15-18.

Hölzel, Christoph (2011): *Stützpunkte*, in: Ex Nihilo 17, Ering: Verlag Bertrand, S. 25-29.

Hölzel, Christoph (2011): *Zur Radikalität der Selbstbehauptung*, in: Ex Nihilo 18, Ering: Verlag Bertrand, S. 26ff.

Hölzel, Christoph (2011): *Eine Emigration des Geistes*, in: Ex Nihilo 18, Ering: Verlag Bertrand, S. 22-25.

Hölzel, Christoph (2021): *Brückenbauer versus Abbruchunternehmer. Eine unwissenschaftliche Betrachtung*, in: Michael Fuhr, Kerstin Klenke, Julio Mendívil (Hrsg.), Diggin' up Music. Musikethnologie als Baustelle. Festschrift für Raimund Vogels zum 65. Geburtstag, Hildesheim: Universitätsverlag Hildesheim, S. 422 – 430.

Hohnschopp, Christine (1993): *Rebellierende Tote. Tod und Emanzipationsprozess im Werk B. Travens*, Paderborn: Igel-Verlag Wissenschaft, zugleich: Frankfurt, Universität, Dissertation.

Horacek, Martin (2000): *Hyperrealität. Die Beschleunigte Zirkulation der Zeichen in Jean Baudrillards Simulationsgesellschaft*, in: Uwe Schimank und Ute Volkmann (Hrsg.), Soziologische Gegenwartsdiagnosen I, Opladen: Verlag Leske und Budrich, S. 139-157.

Horkheimer, Max, Theodor W. Adorno (2003 [1944]): *Dialektik der Aufklärung*, Frankfurt a. M.: Fischer Verlag.

Horsley, Jasun (@): *White Male Edgeman. Liminality, Group Identities and Authoritarianism left & right*, in: Auticulture.
https://auticulture.com/white-male-edgeman-liminality-group-identities-and-authoritarianism-left-right/

Horváth, Ödon von (1978): *Zur schönen Aussicht und andere Stücke*, Frankfurt am Main: Suhrkamp Verlag.

Huelsenbeck, Richard (2012 [1917]): *Der neue Mensch*, in: Herbert Kapfer (Hrsg.), Dada-Logik 1913-1972, München: Belleville Verlag, S. 32-37.

Huizinga, Johan (2009 [1938]): *Homo ludens. Vom Ursprung der Kultur im Spiel*, Reinbek: Rowohlt Verlag.

Ivanov, Paola (1993): *Zu Victor Turners Konzeption von „Liminarität"* [sic] *und „Communitas"*, in: Zeitschrift für Ethnologie, Bd. 118, H. 2, Berlin: Reimer Verlag, S. 217 – 249.

Jünger, Ernst (2002 [1979]): *Essays VI. Fassungen I*, in: Sämtliche Werke, Band 12, Abteilung 2, Stuttgart: Klett-Cotta Verlag.

Jünger, Ernst (1977): *Eumeswil*, Stuttgart: Klett-Cotta Verlag.

Jünger, Ernst (2008 [1970]): *Annäherungen. Drogen und Rausch*, Stuttgart: Klett-Cotta Verlag.

Jünger, Ernst (1955 [1949]): *Strahlungen*, Stuttgart: Stuttgarter Hausbücherei.

Jünger, Ernst (1934): *Über den Schmerz*, in: ders., Blätter und Steine, Hamburg: Hanseatische Verlagsanstalt, S. 157 – 216.

Jünger, Ernst (1979 [1929]): *Das abenteuerliche Herz. Erste Fassung: Aufzeichnungen bei Tag und Nacht*, Stuttgart: Klett-Cotta Verlag.

Jünger, Friedrich Georg (1949): *Gedanken und Merkzeichen*, Frankfurt am Main: Vittorio Klostermann Verlag.

Jünger, Friedrich Georg (1947): *Griechische Mythen*, Frankfurt am Main: Vittorio Klostermann Verlag.

Jung, C. G.: Aion (1983 [1950]): *Beiträge zur Symbolik des Selbst*, Otten: Walter Verlag.

Jung, C. G. (1998 [1928]: *Die Beziehungen zwischen dem Ich und dem Unbewussten*, München: Deutscher Taschenbuch Verlag.

Jung, C. G. (1993) [1922]): *Über die Beziehungen der analytischen Psychologie zum dichterischen Kunstwerk*, in: ders., Seelenprobleme der Gegenwart, München: Deutscher Taschenbuch Verlag, S. 31 – 51.

Jung C. G. (1995 [1921]): *Psychologische Typen*, in: ders., Gesammelte Werke, Bd. 6., Solothurn: Walter Verlag.

Jungaberle, Henrik, Rolf Verres, Fletcher DuBois (2006): *Einführung. Wie viel Ritual brauchen wir heute? Zur Modernitätsfähigkeit von Ritualen*, in: ders. (Hrsg.), Rituale erneuern. Ritualdynamik und Grenzerfahrung aus interdisziplinärer Perspektive, Gießen: Psychosozial Verlag, S. 5-23.

Kalb, Christoph (1999): *Selbstbildung im Leiden. Zur Rekonstruktion beschädigter Identität in Ritual und Kunst*, in: Claudia Benthien, Irmela Marei Krüger-Fürhoff (Hrsg.), Über Grenzen. Limitation und Transgression in Literatur und Ästhetik, Stuttgart: Metzler Verlag, S. 161-175.

Kaden, Christian (1995): *Außer-sich-sein, Bei-sich-sein. Ekstase und Rationalität in der Geschichte der Musik*, in: Neue Zeitschrift für Musik, Vol. 156, No. 6, Mainz: Schott Music, S. 4-12.

Kaufmann, Esther (2001*): Das Indexieren von natürlichsprachlichen Dokumenten und die inverse Seitenhäufigkeit*, zugleich: Lizentiatsarbeit, Zürich, Universität.
http://www.ifi.unizh.ch/cl/study/lizarbeiten/lizkaufmann.pdf

Kaufmann, Matthias (1998): *Substrat*, in: Historisches Wörterbuch der Philosophie, Band 10, Basel: Schwabe Verlag, Sp. 557–560.

Keller, Reiner (2013): *Über religionshybride Gefühls- und Glaubensgemeinschaften*, in: Peter A. Berger, Klaus Hock, Thomas Klie (Hrsg.), Religionshybride. Religion in posttraditionalen Kontexten, Wiesbaden: Springer Verlag, S. 47-62.

Keller, Reiner (2006a): *Michel Maffesoli. Die Wiederkehr der Stämme in der Postmoderne*, in: Stephan Moebius, Dirk Quadflieg (Hrsg.), Kultur. Theorien der Gegenwart. Wiesbaden: Verlag für Sozialwissenschaften, S. 209-220.

Keller, Reiner (2006b): *Michel Maffesoli. Eine Einführung*, Konstanz: UKV Verlagsgemeinschaft.

Keupp, Heiner (1998): *Diskursarena Identität. Lernprozesse in der Identitätsforschung*, in: Heiner Keupp, Renate Höfer (Hrsg.), Identitätsarbeit heute. Klassische und aktuelle Perspektiven der Identitätsforschung, Frankfurt am Main: Suhrkamp Verlag, S. 11 – 39.

Kerényi, Karl (1976): *Dionysos. Urbild des unzerstörbaren Lebens*, München: Langen Müller Verlag.

Knobloch, Clemens (2015): *„The Tragedy of the Commons". Anatomie einer Erfolgsgeschichte*, in: Die Kultur des Neoevolutionismus. Zur diskursiven Renaturalisierung von Mensch und Gesellschaft, Fabian Deus, Anna-Lena Disselmann, Luisa Fischer, Clemens Knobloch (Hrsg.), Bielefeld: Transcript Verlag, S. 169-204.

Kluge, Friedrich (1999 [1883]): *Etymologisches Wörterbuch der deutschen Sprache*, Berlin: de Gruyter Verlag.

Knoblauch, Hubert (1988): *Literaturbesprechung zu: Michel Maffesoli. Le Temps des Tribus. Le Déclin de l'Individualisme dans les Sociétés de Masse*, Paris: Meridiens Klincksieck, in: Kölner Zeitschrift für Soziologie und Sozialpsychologie, 40(4), S. 780-781.

Knörzel, Kristov [Bearb., Hrsg.] (2012): *Dionysos. Unmittelbarste Gegenwart. „Jetzt und Hier"*, Friedrich Georg Jünger, Walter F. Otto, Ernst Jünger, Mircea Eliade, herausgegeben und bearbeitet von Kristov Knörzel, Hannover: Selbstverlag.

Köpping, Klaus-Peter, Burkhard Schnepel (2000): *Die Umkehrung des Blicks. Zur Akkommodierung von »Inauthentischem« in festlichen Inszenierungen in Japan und Indien*, in: Erika Fischer-Lichte, Erika Pflug, Isabel Pflug (Hrsg.), Inszenierung von Authentizität, Tübingen, Basel: Francke (Theatralität 1), S. 275-289.

Köpping, Klaus-Peter (1999): *Das Fest*, in: Christoph Wulf (Hrsg.), Vom Menschen. Handbuch historische Anthropologie, Weinheim, Basel: Beltz Verlag, S. 1048 – 1065.

Köpping, Klaus-Peter (1987): *Authentizität als Selbstfindung durch den Anderen. Ethnologie zwischen Engagement und Reflexion, zwischen Leben und Wissenschaft*, in: Hans Peter Dürr (Hrsg.), Authentizität und Betrug in der Ethnologie, Frankfurt a. M.: Suhrkamp, S. 7-38.

Köpping, Klaus-Peter (1984): *Trickster, Schelm, Piccaro. Sozialanthropologische Ansätze zur Problematik der Zweideutigkeit von Symbolsystemen*, in: Kölner Zeitschrift für Soziologie und Sozialpsychologie 26, Opladen: Westdeutscher Verlag, S. 195 – 215.

Koschorke, Albrecht (2010): *Ein neues Paradigma der Kulturwissenschaften*, in: Eva Eßlinger … (Hrsg.), Die Figur des Dritten. Ein kulturwissenschaftliches Paradigma, Berlin: Suhrkamp Verlag, S. 9 - 31.

Krause, Boris (2005): *Neostämme und postmoderne Gewalt. Aporien postmoderner Identitätsbildung*, in: ders., Solidarität in Zeiten privatisierter Kontingenz. Anstöße Zygmunt Baumans für eine christliche Sozialethik der Postmoderne, Münster: Lit, 2005, S. 56f, zugleich: Münster, Universität, Diplomarbeit, 2004/05.

Krieghofer, Gerald, Hrsg. (2017): Falschzitate.blogspot. https://falschzitate.blogspot.com/2017/04/wir-haben-die-erde-nicht-von-unseren.html

Krüger, Gerhard (1950): *Heidegger und der Humanismus*, in: Theologische Rundschau, Vol. 18, No. 2, Tübingen: Mohr Siebeck Verlag, S. 148-178.

Kubin, Alfred (1995) [1909]): *Die andere Seite. Ein phantastischer Roman*, Reinbeck bei Hamburg: Rowohlt.

Kunna, Ulrich (1991): *Das „Krebsgeschwür der Philosophie". Komenskýs Auseinandersetzung mit dem Cartesianismus*, in: Schriften zur Comeniusforschung, Band 19, Sankt Augustin: Academia Verlag, 1991, zugleich: Bochum, Universität, Dissertation.

Lacan, Jacques (1986 [1948]): *Das Spiegelstadium als Bildner der Ichfunktion, wie sie uns in der psychoanalytischen Erfahrung erscheint*, in: Jaques Lacan: Schriften I, Weinheim: Quadriga Verlag, S. 61–70.

Latour, Bruno (2018): *Existenzweisen. Eine Anthropologie der Modernen*, Frankfurt am Main: Suhrkamp Verlag.

Latour, Bruno (2015): *Kosmokoloss. Eine Tragikkomödie über das Klima und den Erdball. Welche Kunst für welche Ökologie?*, München: Belleville Verlag.

Latour, Bruno (2014): *Agency at the Time of the Anthropocene*, in: Johns Hopkins University Press (Hg.), Winter 2014, New Literary History, Vol. 45, No. 1, Baltimore, Maryland: Johns Hopkins University Press, S. 1-18.

Latour Bruno (2002a): *Die Hoffnung der Pandora. Untersuchungen zur Wirklichkeit der Wissenschaften*, Frankfurt am Main: Suhrkamp Verlag.

Latour, Bruno (2002b): *Wir sind nie modern gewesen. Versuch einer symmetrischen Anthropologie*, Frankfurt am Main: Fischer Verlag.

Latour, Bruno (2001): *Das Parlament der Dinge*, Frankfurt am Main: Suhrkamp Verlag.

Leisi, Ernst. (1959): *Aufschlußreiche altenglische Wortinhalte*, in: Helmut Gipper (Hrsg.), Sprache. Schlüssel zur Welt. Festschrift für Leo Weisgerber, Düsseldorf: Pädagogischer Verlag Schwann. S. 309 ff.

Lennon, John @: *Beautiful boy (darling boy). Songtext*. In: Songtexte.com https://www.songtexte.com/songtext/john-lennon/beautiful-boy-darling-boy-13de098d.html

Lequet, Noémie (2010): *L'univers Techno de la Teuf. Entre Marginalité et Post-Modernité*, in: Mémoire Online. Arts, Philosophie et Sociologie, Université Bordeaux. https://www.memoireonline.com/10/10/4040/m_Lun ivers-techno-de-la-teuf-entre-marginalite-et-post-modernite3.html.

Linder, Staffan B. (1971): *Das Linder-Axiom oder warum wir keine Zeit mehr haben*, Gütersloh: Bertelsmann Verlag.

Lipp, Benjamin (2012): *Die wahre Kultur zeichnet sich durch ihre Banalität aus. Interview mit Michel Maffesoli,* in: Soziologiemagazin. Publizieren statt Archivieren, 5(1), Leverkusen-Opladen: Verlag Barbara Budrich, S. 63-69.

Livi, Massimiliano (2018): *Guillaume Paoli. Die lange Nacht der Metamorphose. Über die Gentrifizierung der Kultur,* in: Tribes. Hypotheses. https://tribes.hypotheses.org/497

Livi, Massimiliano (2017): *Neotribalismus als Metapher und Modell. Konzeptionelle Überlegungen zur Analyse emotionaler und ästhetischer Vergemeinschaftung in posttraditionalen Gesellschaften,* in: Archiv für Sozialgeschichte. Friedrich-Ebert-Stiftung (Hrsg.), 57. Band, Bonn: Verlag Dietz, S. 365-383.

Löwith Karl (1967): *Gott, Mensch und Welt in der Metaphysik von Descartes bis zu Nietzsche,* Göttingen: Verlag Vandenhoeck & Ruprecht.

Lorenz, Stephan (2010): *Von der Akteur-Netzwerk-Theorie zur prozeduralen Methodologie: Kleidung im Überfluss*, in: Christian Stegbauer (Hrsg.), Netzwerkanalyse und Netzwerktheorie. Ein neues Paradigma in den Sozialwissenschaften, Wiesbaden: Springer Verlag, S. 579-588.

Luckman, Susan (2003): *Going Bush and Finding One's „Tribe". Raving, Doof and the Australian Landscape*, in: Continuum. A Journal of Media and Cultural Studies, Vol. 17, No. 3, S. 318-332.
DOI: 10.1080/10304310302729

Ludwig, Michael, Klaus Diedrich (1999): *In-vitro-Fertilisation und intrazytoplasmatische Spermien-injektion*, in: Deutsches Ärzteblatt, 96(45).
https://www.aerzteblatt.de/archiv/19911/In-vitro-Fertilisation-und-intrazytoplasmatische-Spermieninjektion

Maffesoli, Michel (2018): *Élan vital*, in: Heike Delitz, Frithjof Nungesser, Robert Seyfert (Hrsg.), Soziologie des Lebens. Überschreitung, Differenzierung, Kritik, Bielefeld: Transcript Verlag, S. 65-89.

Maffesoli, Michel (2015): *Wer verliert, gewinnt! Die »Verausgabung« – von Georges Bataille zur Postmoderne*, in: Artur R. Boelderl (Hrsg.), Welt der Abgründe. Zu Georges Bataille, Wien, Berlin: Turia + Kant Verlag, S. 22-46.

Maffesoli, Michel (1996 [1988]): *The Time of the Tribes. The Decline of Individualism in Mass Society*, London: Sage Publications.

Maffesoli, Michel (1986): *Der Schatten des Dionysos. Zu einer Soziologie des Orgiasmus*, Frankfurt am Main: Syndicat Verlag.
Marut, Ret [d. i. B. Traven] (1967): *Der Ziegelbrenner. Faksimiledruck des von Ret Marut herausgegebenen Periodikums 1917 - 1921*, Leipzig: Edition Leipzig.

Mauss, Marcel (1994 [1925]): *Die Gabe. Form und Funktion des Austausches in archaischen Gesellschaften*, Frankfurt a. M.: Suhrkamp Verlag.

McCaffrey, Cathal (2015): *How Did Jamaican Sound System Culture Influence UK Freeparty Rave Culture*, S. 20 – 25.
https://www.academia.edu/11735133/How_Did_Ja maican_Sound_System_Culture_Influence_UK_ Freeparty_Rave_Culture

Meckel, Miriam (2007): *Das Glück der Unerreichbarkeit. Wege aus der Kommunikationsfalle*, Hamburg: Murmann Verlag.

Melechi, Antonio (1993): *The Ecstasy of Disappearance*, in: Steve Redhead (Hrsg.), Rave off. Politics and Deviance in Contemporary Youth Culture, Brookfield, VT: Avebury, S. 29-40.

Mishima, Yukio (2019): in: *The Lost Ones*, 3/10, Arte.
https://youtu.be/Rz44I_fr58M

Murray, Enda (2001): *Sound Systems and Australian DiY Culture. Folk Music for the Dot Com Generation,* in: Graham St. John (Hrsg.): Free NRG. Notes from the Edge of the Dancefloor. Altona, Vic.: Common Ground Pub, S. 90-111.

Nicholas, Dean Andrew (2009): *The Trickster Revisited. Reception as a Motiv in the Pentateuch*, New York, NY: Peter Lang Publishing.

Obodaru, Herminia Ibarraa Otilia (2016): *Betwixt and Between Identities. Liminal Experience Incontemporary Careers*, in: Research in Organizational Behavior, Vol. 36, S. 47-64.

Otto, Rudolf (1924): *Das Heilige. Über das Irrationale in der Idee des Göttlichen und sein Verhältnis zum Rationalen*, Gotha, Stuttgart: Verlag Perthes.

Otto, Walter F. (1955 [1933]): *Dionysos. Mythos und Kultus*, Frankfurt am Main: Klostermann Verlag.

Otto, Walter F. (1923): *Der Geist der Antike und die christliche Welt*, Bonn: Cohen Verlag.

Otto, Walter F. (1963): *Die Wirklichkeit der Götter. Von der Unzerstörbarkeit griechischer Weltsicht*, Hamburg: Rowohlt Verlag.

Otto, Walter F. (1956): *Theophania. Der Geist der altgriechischen Religion*, Hamburg: Rowohlt Verlag.

Otto, Walter F. (1955): *Die Gestalt und das Sein*, Düsseldorf: Eugen Diedrichs Verlag.

Ovid (@): *Amores*. https://www.thelatinlibrary.com/ovid/ovid.amor3.sh tml

Paglia, Camille (1995): *Die Masken der Sexualität*, München: Deutscher Taschenbuch Verlag.

Paracelsus, Theophrastus (2002 [1942]): *Lebendiges Erbe. Eine Auswahl aus seinen sämtlichen Schriften*, St. Goar: Reichl Verlag.

Pascal, Blaise (1947): *Gedanken*, Wiesbaden: Dieterich´sche Verlagsbuchhandlung.

Prange, Regine (2003): *Das strukturale Unbewusste als postmodernes Sujet Zur Lacan-Rezeption von Rosalind Krauss*, Heidelberg: Universitätsbibliothek Heidelberg. http://archiv.ub.uni-heidelberg.de/artdok/5264/

Prechtl, Peter, Franz-Peter Burkard, Hrsg. (1996): *Metzler-Philosophie-Lexikon. Begriffe und Definitionen*. Stuttgart: Metzler Verlag.

The Prodigy @: *Out of space*. In: Songtexte.de. https://www.songtexte.de/songtexte/the-prodigy-out-of-space-12925806.html

Quilligan, James Bernard (2020): *Tragedy of Supply and Demand. If You Don't Measure It, You Won't Sustain It...*, in: r3.0 Redesign for Resilience and Regeneration. 7th International r3.0 Conference. https://conference2020.r3-0.org/wp-content/uploads/2020/09/James-Quilligan-Keynote-ValueCircularity.pdf

Rao Ursula, Klaus-Peter Köpping (2000): *Die performative Wende. Leben, Ritual, Theater*, in: ders. (Hrsg.), Im Rausch des Rituals. Gestaltung und Transformation der Wirklichkeit in körperlicher Performanz, Münster, Hamburg, London: LIT Verlag, S. 1-31.

Rath, Gudrun (2010): *»Hybridität« und »Dritter Raum«. Displacements postkolonialer Modelle*, in: Eva Eßlinger ... (Hrsg.): Die Figur des Dritten. Ein kulturwissenschaftliches Paradigma. Berlin: Suhrkamp Verlag, S. 137-149.

Redhead, Steve (1993): *The End of the End-of-the-Century Party*, in: ders. (Hrsg.): Rave Off. Politics and Deviance in Contemporary Youth Culture. Brookfield, VT: Avebury, S. 1-6.

Reynolds, Simon (1999): *Generation Ecstasy. Into the World of Techno and Rave Culture*, New York, NY: Routledge.

Rico, Gabriele L. (1984): *Garantiert schreiben lernen. Sprachliche Kreativität methodisch entwickeln. Ein Intensivkurs auf der Grundlage der modernen Gehirnforschung*, Hamburg: Rowohlt Verlag.

Riley, Sarah C. E., Christine Griffin, Yvette Morey (2010): *The Case for „Everyday Politics". Evaluating Neo-Tribal Theory as a Way to Understand Alternative Forms of Political Participation. Using Electronic Dance Music Culture as an Example*, in: Sociology, Vol. 44, No. 2, London: Sage Publishing, S. 345-363.

Rosa, Hartmut (2016): *Resonanz. Eine Soziologie der Weltbeziehung*, Berlin: Suhrkamp Verlag.

Rosa, Hartmut (2010): *Beschleunigung. Die Veränderung der Zeitstrukturen in der Moderne*, Frankfurt am Main: Suhrkamp Verlag.

Rosa, Hartmut (2009): *Kritik der Zeitverhältnisse. Beschleunigung und Entfremdung als Schlüsselbegriffe der Sozialkritik*, in: Rahel Jaeggi, Tilo Wesche (Hrsg.), Was ist Kritik?, Frankfurt am Main: Suhrkamp Verlag, S. 23-54.

Saunders, Nicholas (1994): *Ecstasy*, Zürich: Bilger Verlag.

Schechner, Richard (2013 [2002]): *Performance Studies. An Introduction*, London: Routledge.
Schmidt, Walter (2013): *Warum Männer nicht nebeneinander pinkeln wollen und andere Rätsel der räumlichen Psychologie*. Reinbek: Rowohlt Verlag.

Schroer, Markus (2018): *Rausch, Fest und Ekstase. Zur Lebenssoziologie von Georges Bataille und Michel Maffesoli*, in: Heike Delitz, Frithjof Nungesser, Robert Seyfert (Hrsg.): Soziologie des Lebens. Überschreitung, Differenzierung, Kritik, Bielefeld: Transcript Verlag, S. 91-112.

Schulz-Schaeffer, Ingo (2000): *Akteur-Netzwerk-Theorie. Zur Koevolution von Gesellschaft, Natur und Technik*, in: Johannes Weyer (Hrsg.), Soziale Netzwerke. Konzepte und Methoden der sozialwissenschaftlichen Netzforschung, München: Oldenburg Verlag, S. 187-210.

Schulz, Walter (1954): *Über den philosophiegeschichtlichen Ort Martin Heideggers*, in: Philosophische Rundschau, Vol. 1, No. 2/3. Tübingen: Mohr Siebeck, S. 65-93.

Shell (1998): *Let the Chaos Begin*, in: Tekno Renegade 4, Fitzroy, Vic.: Tekno Renegade Magazine.

Sigrist, Christian (1979 [1967]): *Regulierte Anarchie. Untersuchungen zum Fehlen und zur Entstehung politischer Herrschaft in Segmentären Gesellschaften Afrikas*, Frankfurt am Main: Syndikat Verlag.

Simmel, Georg (2001 [1920]): *Philosophie des Geldes*, Köln: Parkland Verlag.

Skorupski, John (1976): *Symbol and Theory. A Philosophical Study of Theories of Religion in Social Anthropology*, Cambridge, New York: Cambridge University Press.

Sloterdijk, Peter (2009): *Du musst dein Leben ändern. Über Anthropotechnik*, Frankfurt am Main: Suhrkamp Verlag.

Spät, Patrick (2010): *Panpsychismus. Ein Lösungsvorschlag zum Leib-Seele-Problem*, Freiburg (Breisgau), Universität, Dissertation.
http://www.freidok.uni-freiburg.de/volltexte/7608/

Spengler, Oswald (2015 [1923]): *Gestalt und Wirklichkeit*, in: ders., Der Untergang des Abendlandes, Band 1. Altenmünster: Jazzybee Verlag.

Spiral Tribe (1994): *Reclaim the Streets*
https://youtu.be/mOPUPX800Pc

Spiral Tribe 23 (1996): *Freie Parties, freie Menschen*, in: Wolfgang Sterneck (Hrsg.), Cybertribe-Visionen. Rhythmus und Widerstand, Liebe und Bewusstsein, Hanau: Komista Verlag, S. 80-83.

Sterneck, Wolfgang (1996a): *Die Rave-Kultur*, in: ders. (Hrsg.), Cybertribe-Visionen. Rhythmus und Widerstand, Liebe und Bewusstsein, Hanau: Komista Verlag, S. 102-111.

Sterneck, Wolfgang (1996b): *Der Cybertribe*, in: ders. (Hrsg.), Cybertribe-Visionen. Rhythmus und Widerstand, Liebe und Bewusstsein, Hanau: Komista Verlag, S. 9.

Sterneck, Wolfgang (2011): *Cybertribes. Projects Against the System*, in: Tom Rom, Pascal Querner (Hrsg.), Goa. 20 years of Psychedelic Trance, Solothurn: Nachtschatten Verlag, S. 56-62.

Sterneck, Wolfgang (@): The gathering of the tribes. http://www.sterneck.net/utopia/sterneck-gathering/index.php

Stirner, Max (2008 [1844]): *Der Einzige und sein Eigentum*, Stuttgart: Reclam Verlag.

St. John, Graham (2015): *Liminal Being. Electronic Dance Music Cultures, Ritualization and the Case of Psytrance*, in: Andy Bennett, Steve Waksman (Hrsg.), The Sage Handbook of Popular Music. London: Sage, S. 243-260.

St. John, Graham (2013): *Aliens are us. Cosmic Liminality, Remixticism, and Alienation in Psytrance*, in: The Journal of Religion and Popular Culture, 25/2, Toronto: University of Toronto Press.

St. John, Graham (2009): *Technomad. Global Raving Countercultures*, London: Equinox.

St. John, Graham (2008a): *Victor Turner and Contemporary Cultural Performance. An Introduction*, in: ders. (Hrsg.), Victor Turner and Contemporary Cultural Performance, New York: Berghahn Books.

St. John, Graham (2008b): *Trance Tribes and Dance Vibes. Victor Turner and Electronic Dance Music Culture*, in: ders. (Hrsg.), Victor Turner and Contemporary Cultural Performance, New York: Berghahn Books.

St. John, Graham (2001a): *Techno Terra-ism. Feral Systems and Sound Futures*. In: Graham St. John (Hrsg.) *FreeNRG. Notes from the Edge of the Dancefloor*, Altona, Vic.: Common Ground Publishing, S. 172-201.

St. John, Graham (2001b): *Introduction. Techno Inferno*, in: Graham St. John (Hrsg.), FreeNRG. Notes from the Edge of the Dancefloor, Altona, Vic.: Common Ground Publishing, S. 1-9.

St. John, Graham (2001c): *Doof!. Australian Post-Rave Culture*, in: Graham St. John (Hrsg.), FreeNRG. Notes from the Edge of the Dancefloor, Altona, Vic.: Common Ground Publishing, S. 12-57.

St. John, Graham (@): *Party, love and profit. The rythms of the Love Parade. Interview with Wolfgang Sterneck.* http://dx.doi.org/10.12801/1947-5403.2011.02.01.14

Stolzenberg, Jürgen (1998): *Subjekt*, in: Joachim Ritter, Karlfried Gründer (Hrsg.): Historisches Wörterbuch der Philosophie. Band 10, Basel: Schwabe Verlag, Sp. 373–399.

Strauch, Dietmar; Margarete Rehm (2007): *Lexikon Buch, Bibliothek, neue Medien*, München: Saur Verlag.

Tuma, Thomas (2012): *Kollektiver Blutrausch. Jörg und Miriam Kachelmann rechnen ab - mit Polizei, Justiz, Medien und der ihrer Ansicht nach schärfsten Waffe heutiger Frauen: deren Opferrolle, in: Der Spiegel*. Nr. 41.

Transpontine, Neil (2014a): *Revolt of the Ravers. The Movement Against the Criminal Justice Act in Britain 1993-95*, in: Datacide Magazin for Noise & Politcs. https://datacide-magazine.com/revolt-of-the-ravers-the-movement-against-the-criminal-justice-act-in-britain-1993-95/

Transpontine, Neil (2014b): *Spiral Tribe Interview*, in: Datacide Magazine for Noise and Politics. https://datacide-magazine.com/spiral-tribe-interview/

Turner, Victor (2009 [1989]): *Vom Ritual zum Theater. Der Ernst des menschlichen Spiels*, Frankfurt, New York: Campus Verlag.

Turner, Victor 1989. *Das Ritual. Struktur und Antistruktur*, in: Theorie und Gesellschaft 10., Frankfurt/Main: Campus Verlag.

Turner, Victor (1977): *Variations on a Theme of Liminality*, in: Sally Falk Moore, Barbara G. Myerhoff (Hrsg.), Secular Ritual, Assen: Van Gorcum, S. 36-52.

Turner, Victor (1964): *Betwixt and Between. The Liminal Period in Rites de Passage*, in: June Helm (Hrsg.), Proceedings of the Annual Spring Meeting of the American Ethnological Society, Seattle, WA: University of Washington Press, S. 4-20.

Tyldesley, Michael (2013): *Postmodernity, Aesthetics and Tribalism. An Interview with Michel Maffesoli*, in: Theory, Culture & Society, Volume 30, Issue 3, Los Angeles: Sage, S. 108-113.

Unite Warrior Free (@): *Spiral Tribe*.
https://unitewfree.wordpress.com/spiral-tribe/

Upravitelev, Max (2016): *Dada's not dead. Nachrichten vom Scheitern in Permanenz*. Berlin: Rosa Luxemburg Stiftung.
https://www.rosalux.de/publikation/id/9214/dadas-not-dead-1

Vauvergaunus, Luc de Clapiers Marquise de (2013 [1746]): *Réflexions et Maximes*, Cambridge: Cambridge University Press.

Vitos, Botond (2015): *The Dance Floor Experiment. Researching the Mediating Technologies and Embodied Experiences of Electronic Dance Music Events*, in: Popular Music and Society, 40(2), S. 131-150. DOI: 10.1080/03007766.2015.1094903

Vogelsang, Waldemar (2001): *Design-Kultur, Techno*, in: Roland Hitzler, Michaela Pfadenhauer (Hrsg.), Techno-Soziologie. Erkundungen einer Jugendkultur, Opladen: Verlag Leske + Budrich, S. 265-289.

Waldhart, Elisabeth (2018): *Das Kaffeeritual. Wie definiert sich segmentäre Gesellschaft nach Christian Sigrist*, in: Anarchistische Ansätze & Archäologie. Vergangene Gesellschaften, Methodenpluralis-mus und Wissensliberation, [Konferenzschrift], Hamburg. https://www.researchgate.net/publication/329035011 _Das_Kaffeeritual_Oder_Wie_definiert_sich_Segme ntare_Gesellschaft_nach_Christian_Sigrist

Watzlawick, Paul (1999): *Vom Unsinn des Sinns oder vom Sinn des Unsinns*, München: Piper Verlag.

Weinel, Jonathan (2014): *Shamanic diffusions. A Technoshamanic Philosophy of Electroacoustic Music*, in: Sonic Ideas/Ideas Sonicas 6, No. 12, S. 1-7.

Wiedmann, Friedrun (2021): *Fernstudien zur Epoche der Gegenwart unter Verwendung alter Rechtschreibung nebst einem historischen Exkurs in zwei Unterpunkten*, Norderstedt: Books on Demand.

Willis, T. (1993). *The Lost Tribes. Rave Culture*, in: The Sunday Times, 18.7.1993, S. 8-9.

Wittmann, Ulla (1995): *Ich Narr vergaß die Zauberdinge. Was Märchen für das eigene Leben bedeuten*, Freiburg: Herder Verlag.
Wulf, Christoph (2006): *Anthropologie kultureller Vielfalt. Interkulturelle Bildung in Zeiten der Globalisierung*, Bielefeld: Transcript Verlag.

Ziegler, Leopold (1902): *Zur Metaphysik des Tragischen. Eine philosophische Studie*, Leipzig: Verlag der Dürr'schen Buchhandlung.

Perfer et Obdura